Der Marathonschwimmer

Timm Koch

Der Marathonschwimmer

Stories aus aller Welt

2., veränderte Auflage 2019

Ringstr. 5, 33178 Borchen

Alle Fotos stammen von Timm Koch.

Umschlaggestaltung:
Karen Kliewe, Beckum, www.werbemenue.com
Gesetzt aus der Paiper
und der Stempel Garamond.
Gedruckt in Deutschland.

ISBN 978-3-943380-46-0
www.eire-verlag.de

Für Markus Mohr
rest in peace

Inhalt

Anmerkung des Verfassers

Die besetzten Häuser meiner Berlin-Trilogie sind historische Schauplätze für Begebenheiten, die sich bei aller künstlerischen Freiheit, so oder so ähnlich, in den neunziger Jahren des letzten Jahrhunderts ereignet haben. Auch habe ich einige Spitznamen meiner Protagonisten der Realität entlehnt. Daher lege ich Wert auf die Feststellung, daß die Charaktere dahinter Kunstfiguren darstellen. Ich habe sie bewußt so erzählt, daß sie mit real lebenden Personen nicht das Geringste zu tun haben.

Laudatio

Timm Koch ist ein Schriftsteller, das sicherlich. Er weiß, wie man Worte arrangiert, welche man besser weglässt, wie man Satz für Satz eine packende Narrative aufbaut. Alles das ist richtig. Timm Koch ist jedoch zuallererst ein Erzähler. Vielleicht stimmt auch das nicht. Vielleicht ist er zuallererst ein Mensch, der erlebt, und der die Gabe besitzt, das Erlebte eindringlich und wahrhaftig wiederzugeben, es zu Literatur zu destillieren. Das Leben als Rohstoff. Viele der hier versammelten Geschichten habe ich zuerst aus seinem Mund gehört, in einer freien, oralen Fassung, so wie wir Menschen schon seit Jahrtausenden unsere Geschichten von Generation zu Generation weitergeben. Ob wir gemeinsam ein Wildschwein zerwirkten, in den Abendstunden auf Rehböcke ansaßen, dominikanischen Rum tranken oder ein derbes Stew auf offenem Feuer zubereiteten – die Geschichten waren nie weit weg. Und auch das zeichnet einen guten Schriftsteller aus – zu wissen, wann man seine Geschichten erzählt, wie man sie erzählt. Wenn ich jetzt also die Texte noch einmal lese, zu makelloser Prosa verdichtet, dann sehe ich auch immer Timm Koch vor mir, ein Glas Wein in der Hand, wie er mir von all diesen verrückten, diesen wahnsinnigen, diesen vor Leben sprühenden Dingen erzählt, leibhaftig und in Person. Und ich glaube, der geneigte Leser tut gut daran, es mir gleichzutun.

Sven Heuchert, Berlin, im Mai 2019

Vorwort zur ersten Auflage

Mit meinen Brüdern und meinem Vetter hatte ich Rotaugen gefischt in einem kleinen See. Abends hatte der Vater uns kleine Nervensägen dort abgesetzt und war zurückgefahren in unser Haus, um einen ruhigen Abend mit meiner Mutter zu verbringen. Irgendwann am Nachmittag des nächsten Tages kam er wieder, hatte unseren bescheidenen Fang für uns einer Eisenpfanne auf dem offenen Feuer gebraten und uns mit-samt unseren durchnäßten Schlafsäcken und dem Bundeswehrzelt wieder in sein Auto geladen. Als wir losfuhren, dunkelte es.

Nach einer kurzen Strecke hielt er an einem Pub, bestellte dort schwarzes Bier für sich und schwarze Brause für uns. Mit schmierigen Kinderhänden pulten wir hungrig Erdnüsse aus kleinen Tüten. Die Rotaugen hatten uns nicht satt gemacht. Ich war damals nicht älter als sieben oder acht Jahre.

Der Schankraum des Pubs war klamm und schlecht geheizt, die einzige Wärmequelle ein schwelendes Torffeuer im offenen Kamin. Davor saß ein alter Mann in einem dicken braunen Mantel aus Wollstoff, das hagere bärtige Gesicht gezeichnet vom harten Leben auf der Straße. Ab und an die Zunge an seinem Murphy's netzend, trug er in monotonen Singsang auf Gälisch die alten Geschichten dem kleinen Kreis seiner Zuhörer vor. Es waren Bauern aus der Gegend. Gebannt hingen sie an seinen Lippen.

Der Mann war von Beruf Geschichtenerzähler. Auf mich, das 70er-Jahre-Kind, das im Industrie-

Deutschland lebte, wirkte die Szene so unwirklich, als wäre der Mann aus dem Mittelalter, der Antike oder gar der Bronzezeit zu uns empor gestiegen. Mein kindlicher Verstand sagte mir damals schon, daß er ganz sicher einer der letzten seines Standes war.

Zwar habe ich später, in den 90er Jahren, auf einem Rainbow-Gathering in Tullamore einem jungen Hippie mit Harfe und langen Haaren eine Weile zugehört, der versuchte, die alte Tradition wieder aufleben zu lassen. Doch erschien er mir lediglich wie eine erbärmliche Kopie des Originals, das ich in meiner Kindheit das Glück hatte erleben zu dürfen.

Dem alten Erzähler zur Ehre habe ich nun meinen ersten Band von Kurzgeschichten und Reportagen in Irland, der Insel meiner Sehnsüchte, angesiedelt. Wer möchte, den nehme ich mit auf eine Reise dorthin, getragen leider nicht auf dem gesprochenen, sondern dem geschriebenen Wort.

Irlandgeschichten

Liebe im Turm

Durch seine Träume verschafften sich die Geister des Turms Zugang zu ihm. Neugierig schritten sie um ihn herum; Gestalten in seltsamen Gewändern, zwei oder drei Männer und auch zwei Frauen. Ein junger Mann mit scharfgeschnittenen Gesichtszügen fragte ihn: „Wer bist du?" Er wußte keine Antwort.

Fahl schien der Morgen durch die kleine Fensterluke im Mauerwerk, als er erwachte. Der Regen hatte aufgehört. Die Geister hatten sich in zwei Nebelkrähen verwandelt.

„Kraah. Kraah."

Mit spitzen Schnäbeln hackten sie nach dem Kopf des Eindringlings.

„Kischsch. Kischsch."

Er stieß mit der Hand nach ihnen. Die zwei waren hartnäckig. Sie wichen zwar ein Stück zurück, schimpften und flatterten aber weiter. Noch mal stieß er mit der Hand nach ihnen. Da erst flogen sie zum Fenster hinaus. Zum Abschied pickte ihm eine in den Handrücken. Krächzend umkreisten die düsteren Gesellen Kilcoe Castle, den südlichsten der McCarthy-Türme, und er erkannte, daß sie sich in Krähenkot geliebt hatten.

Neben ihm schlug seine Gefährtin die Augen auf. Zwischen ihren Brüsten glitzerten Schweißperlen, denn der alte Schlafsack aus Armeebeständen hatte eine Daunenfüllung und sie hatten eng umschlungen geschlafen. Er betrachtete seine Hand. Nicht weit von der Stelle, wo der Krähenschnabel ihn gezwickt hatte, hatte sich ein kleiner Schnitt unnatürlich tief entzündet. Eine eitrige Schwäre fraß sich tief in sein Fleisch. Die Hand hatte die halbe Nacht im getrockneten Kot gelegen. Er kannte diese Streptokokken-Infektion. Bei Berliner Hausbesetzern wurde sie Schleppscheiße genannt. Es war eine Junkykrankheit; ein Zeichen für Mangelernährung, für Verwahrlosung, für Hygienelosigkeit, für ein Leben auf der Straße. Er fluchte und kratzte sich ausgiebig die Innenseite seiner Schenkel, bis sich roten Striemen bildeten. Denn irgendwo, in einem ungemachten Bett unterwegs, hatten sie sich die zuerst die Krätze eingefangen. Mikroskopisch kleine Milben fraßen sich durch ihre Epidermis, koteten und legten fröhlich Eier in ihre Haut.

Sie standen auf und verließen die kleine Kammer, in der sie geschlafen hatten. Im Rittersaal fehlte die Decke. Dies war der Grund gewesen, daß die beiden nachts im Regen Zuflucht in der Krähenkammer gesucht hatten, dem einzigen Raum, in dem die Decke noch intakt war. Sie setzten sich in die Mauernischen links und rechts des großen Fensters, das auf die Roaring Water Bay wies. Reihenweise lagen dort die blauen Plastiktonnen zur Miesmuschelzucht an ihren Stahlseilen vertäut. Die Morgensonne goß ihr Licht wie flüssiges Blei durch die Wolkenschicht.

Kilcoe Castle lag auf einer kleinen Insel. Es war ein hoher Turm aus verwittertem Schiefer. Flechten in grau und grün und orange bedeckten den schwarzen Stein. Jahrhunderte der Regenstürme hatten den Mörtel aus den Fugen gewaschen. Doch immer noch stand das Mauerwerk. Eine Brücke aus demselben Stein verband den Turm mit dem Festland.

Durch eine Bresche waren sie in das Erdgeschoß eingedrungen, hatten sich die steile, enge Treppe hinaufgetastet, deren Stufen rund gelaufen waren von den Füßen längst verblichener Dynastien der McCarthys. Sie waren Burgherren gewesen für eine Nacht.

Zum Frühstück aßen sie Brombeeren, die sie entlang der Steinmauern pflückten. Danach wanderten sie auf kleinen Straßen in Richtung Ballydehop. Als sie zur Hauptstraße gelangten, streckten sie im Gehen den Autos ihre Daumen entgegen. Niemand hatte Lust, die beiden abgerissenen Gestalten mitzunehmen, und so mußten sie die ganze Strecke laufen.

In seiner Tasche klimperten ein Bulle gegen einen Lachs, gegen eine Schnepfe, gegen einen Hirsch. Ein Pfund und 65 Pence waren ihre ganze Barschaft, waren alles, was sie zum Einkaufen hatten.

Vor drei Tagen noch hatte eine Zehn-Pfund-Note in seiner Tasche geknistert. Damit hatten sie in einer Apotheke in Skibbereen eine Tube Lindan-Lotion erstanden. Bevor sie sich am Ufer des Ilen auf einem Feld schlafen legten, hatten sie sich damit gegenseitig ihre beiden Körper eingecremt. Am nächsten Morgen war ihre oberste Hautschicht abgestorben gewesen und hing in Fetzen an ihnen herunter. Lachend hatten sie sie im Fluß abgewaschen. Leider hatte die Behandlung ihnen nur kurz Linderung gebracht, denn die Milben saßen in ihrer Kleidung und in dem Schlafsack. Sie sehnten sich nach sauberen Laken und einer Waschmaschine. Aber weder-noch war in Sicht und das Leben auf der Straße war hart.

Im Dorfladen besahen sie ausgiebig das Regal mit den Auslagen.

„Wir kaufen das billigste Öl“, sagte er.

„Laß uns das etwas bessere nehmen. Was ist mit Salz?“

„Wir haben doch Meerwasser.“

Er trug seine schwere Lederjacke lässig über die linke Schulter gehängt. Darunter ließ er eine Packung Spaghetti verschwinden. Er stahl nicht gerne in kleinen Läden. Aber in Ballydehop gab es keinen großen. Sein leerer Magen war ihm wichtiger als sein Gewissen. Mit der rechten Hand zahlte er das Öl, und sie gingen wieder hinaus auf die Straße. Sie liefen einmal die Dorfstraße hoch und wieder hinunter und schielten in den Rinnsteinen nach Kippen. Er hatte noch Blättchen in seiner Tasche. Auf der Brücke über den Fluß drehte er ihnen eine Zigarette. Sie hatten lange nichts geraucht, und das Nikotin machte ihnen die Beine schwer. Das Wasser unter ihnen floß als träges Rinnsal durch ein Bett aus Schlick, denn sie waren nahe an der Mündung und hatten Ebbe.

„Die Kippe behalten wir“, sagte er, als sie aufgeraucht hatten. „Wir brauchen sie für die dritte Generation.“

Mit Daumen und Zeigefinger drehte er den Glutkegel ab und steckte die Kippe in die Jackentasche, wo sie nicht zerdrückt werden würde. Dann kratzten sich beide ausgiebig die krätzige Haut und machten sich auf den Rückweg nach Kilcoe Castle.

Der Farmer, dessen Hof in direkter Nachbarschaft zu dem Turm lag, sah sie herankommen. In hellblauen Hemdsärmeln, seine besten Jahre bereits hinter sich, stand er vor seinem Kuhstall. Sie baten ihn um Milch. Er fischte eine alte Pepsi-Flasche aus einer Kiste, spülte sie an einem Wasserschlauch und füllte sie mit Milch. Sie gaben ihm ihr restliches Geld. Es war weniger, als er verlangt hatte, doch das schien ihn nicht zu stören. Mit einem verschmitzten Lächeln ließ er die Münzen in seiner Hosentasche verschwinden und hielt noch ein kleines Schwätzchen mit den beiden.

„Nice weather, isn't it."

Er sah hinauf zu dem verhangenen Himmel.

„Indeed. Nice and dry. A glorious day."

„What's the name of this castle?"

„It's a McCarthy tower."

„Yes. But what's its name?"

„I don't know."

Danach lagen sie im weichen Gras vor der Südflanke des Turms und tranken die Milch. Sie schmeckte nach Euter und nach Gras und nach Meer. Über ihnen wachten die steinernen Dämonenköpfe im Mauerwerk, den Blick seit Jahrhunderten für ewig auf die See gerichtet.

Mit der Milch im Bauch machten sie sich entlang der Klippen auf die Suche nach etwas zu essen. Sie fanden einen Ebbetümpel im Schieferfels, dessen Ränder mit Algen bewachsen waren. Er zog sein T-Shirt aus und ging auf die Knie. Mit der rechten Hand tastete er unter den Algen umher. Als er die erste Krabbe spürte, erschrak er vor ihrem Zappeln und riß mit einem Schrei die Hand aus dem Wasser. Sie lachten, und er versuchte es erneut, diesmal aber mit der Linken. Als er die Krabbe zappeln spürte, widerstand die linke Hand dem Schreckimpuls besser als die rechte. Er befahl ihr zuzupacken und holte die Krabbe aus dem Wasser. Sie war nicht besonders groß, aber auch nicht so klein. Er warf sie in eine Plastiktüte und machte weiter. Auf diese Weise fing er noch zwei Krabben. Als letztes förderte er eine Auster zutage. Er öffnete sie mit der Klinge seines Messers, wobei er sich um ein Haar in die Hand geschnitten hätte. Das Perlmutt der Auster war von einem leuchtenden Smaragdgrün, wie er es vorher und nachher in seinem Leben nie wieder zu sehen bekam. Für ihn konnte nur Irland eine solche Farbe produzieren.

Er aß das Fleisch der Muschel roh und schenkte seiner Freundin die Schalen. Sie legte sie mit der grünen Innenseite nach oben auf die Klippen, den Göttern des Meeres zum Opfer, denn sie mochte keinen Ballast mit sich herumschleppen.

Der entzündete Schnitt in seiner Hand brannte von dem Salzwasser. Er wusch ihn gründlich aus und hoffte auf die Heilkraft der See.

Ein Stückchen weiter stießen sie auf ein Bündel Miesmuscheln. Sie lösten sie mit den Fingern und warfen sie zu den drei Krabben in die Tüte. Zusammen mit den Spaghetti und dem Öl konnten sie sich ein schönes Abendessen kochen.

Vor dem Turm entfachten sie ein Feuer aus Treibholz und Stechginster. Sie lief mit der Milchflasche Wasser holen an der Quelle. Als sie außer Sichtweite war nahm er die erste der drei Krabben aus der Tüte. Er legte sie auf das Stück einer Schiffsplanke aus Teak, deren Ränder von der See rund geschliffen waren. Mit einem Ruck riß er ihr den Panzer vom Leib und teilte den zappelnden Körper mit zwei entschlossenen Schnitten seines Messers in vier Teile. Dann schabte er die Kiemen von der dünnen Chitinschicht, die das weiße Muskelfleisch umschließt. Mit den beiden anderen Tieren verfuhr er genauso. Daraufhin setzte er den alten Topf auf die Flammen und goß Öl hinein. Als es heiß genug war, warf der die Krabbenstücke dazu und fritierte sie. Knusprig rot ausgebacken schüttete er sie in die emaillierte Blechtasse, die neben dem Topf ihr ganzes Eßgeschirr ausmachte.

Die Miesmuscheln kochte er in Meerwasser ab. Als sie sich geöffnet hatten, goß er das Wasser ab und kippte sie auf die Bootsplanke. Für die Spaghetti nahm er das Quellwasser. Während sie darauf warteten, daß es kochte, verputzten sie schon mal die Muscheln als Vorspeise. Die fertigen Spaghetti vermengte er mit den Krabbenstücken und dem Öl. Sie schmeckten etwas fad, aber sie machten satt.

Der Abend kam, und die Sonne beschloß den grauen Tag mit einem Feuerwerk aus Farben, ehe sie hinter der Bucht versank. Es wurde kühl. Die beiden nährten das Feuer und blickten hinauf in den nun wolkenlosen Himmel. Als es ganz dunkel war, sahen sie die Milchstraße am Firmament. Sie lagen in dem alten Schlafsack. Der Juckreiz machte sie schier verrückt. Sie kratzten, bis Blut unter ihren Nägeln war.

Anmerkung des Verfassers:

In Kilcoe Castle wohnt heute Jeremy Irons. Bilder, auch Querschnitte und Ansichten von der Renovierung, finden sich auf seiner Website
http://jeremyirons.net/kilcoe-castle/.

Der Marathonschwimmer

13 Stunden im 13° kalten Atlantik

Stephen Redmond – Der Marathonschwimmer aus Ballydehob

Jedesmal, wenn ich unser altes Fischerboot Molly seeklar mache und mich hinauswage in die rauhen Gewässer vor der Küste West-Corks, begegnet mir eine Fülle wunderbaren Meeresgetiers: Seehunde, Delphine, Wale. Manchmal treffe ich auf einen flossenflappenden Mondfisch nahe an der Oberfläche oder – besonders beeindruckend – auf den mächtigen Walhai. Gerne beobachte ich unsere gefiederten Freunde in der Höhe. Tordalk, Baßtölpel, Eissturmvogel, Mantelmöwe, Trottellumme und Co. verraten mir, wo ich Fisch finde. Lasse ich dann meinen Angelhaken in die Tiefe gleiten, bekomme ich es mit Makrelen, Pollacks, Dorschen und Congeraalen zu tun. So weit, so wunderbar – aber nichts daran ist außergewöhnlich. Außergewöhnlich ist die Begegnung mit einem Menschen, der in diesen Wassern nur mit Badehose und Badekappe angetan nach Fastnet Rock hinausschwimmt, den Leuchtturmfelsen einmal umrundet und es dann noch zurück zur Küste schafft. – Eine Strecke von über 42 Kilometern, bei Wassertemperaturen von gerade mal dreizehn Grad.

Der Mann heißt Stephen Redmond und brauchte am 17. August 2011 für diese Extremleistung 13 Stunden und 25 Minuten.

Mit gleichmäßigen Kraulbewegungen pflügt er durch die Wellen. 54 Kraulschläge tätigt er pro Minute, 3.240 pro Stunde. Nachdem er in den frühen Morgenstunden in Baltimore ins Wasser gestiegen ist, geht es vorbei am Beacon über der Hafeneinfahrt, vorbei an Sherkin Island und an Cape Clear. Er muß seinen massigen, behaarten Körper über und über mit Wollfett einschmieren, damit er sich keinen Wolf schwimmt. Während des Schwimmens hat er Probleme mit Krämpfen im Magen und in den Beinen. Das einzige, was ihn bei der einsamen Jagd nach Ruhm und Ehre wärmt, sind alle 45 Minuten ein Schluck heißer irischer Tee, den er in einer Plastikflasche vom Begleitboot aus zugeworfen bekommt und die „Taucherheizung“ – sein Urin. Seinem Begleitboot ruft er zu: „Holt mich nur raus, wenn ich sterbe!“ Als er nach vollbrachter Leistung in Schull an Land steigt, hat er rund 42 000 Kraulschläge hinter sich gebracht. Aber noch hat er es nicht geschafft. Er muß ohne fremde Hilfe die Hochwasserlinie überqueren. Nach all den Stunden in Vertikallage hat sein Blutkreislauf Probleme mit der Umstellung. Aber Steve bewältigt auch diese Hürde und ist damit der erste und bislang einzige Mensch auf Erden, der diese Strecke geschwommen ist. Nachahmer sind jederzeit willkommen.

Bei meiner ersten Begegnung mit Stephen Redmond, auf unserer Farm über der sturmumtosten Steilküste von Toe Head, hatte ich eine Chowder gekocht. Für diese traditionelle irische Fischsuppe wählte ich als Hauptzutat eigenhändig geräucherte Filets meiner selbstgefangenen Pollacks. Er verschlang sie mit gesundem Appetit. Ich gab mich gespannt, wie er meine Kochkünste bewerten würde. Seine Äußerung, daß er durch das viele Chlor während seines Hallenbadtrainings sowieso nichts mehr schmecke, sah ich sportlich.

Wer Steve wirklich begreifen will, muß wissen, daß die Tour hinaus nach Fastnet nur ein „Warm-up“ war. Damals nahm er am OCEAN'S SEVEN Challenge teil, dem härtesten Schwimmwettbewerb aller Zeiten.

Sieben Meerengen gilt es zu durchschwimmen: den Ärmelkanal zwischen England und Frankreich, die Straße von Gibraltar zwischen Spanien und Marokko, die Irische See zwischen Nordirland und Schottland, Catalina Channel vor der Küste Kaliforniens, Molokai Channel zwischen den beiden Hawaii-Inseln Oahu und Molokai, Cook Strait, die Neuseelands Nordinsel von der Südinsel trennt, und schließlich die Tsugaru Straße in Japan zwischen Honshu und Hokkaido. Die Strecken variieren in ihrer Länge zwischen fünfzehn Kilometern und 44 Kilometern.

Redmond hat bisher vier auf seiner Liste abgehakt, darunter die Irische See, die wegen der eisigen Wassertemperaturen, schwerem Seegang und unvorhersehbaren Stürmen als besonders schwierig gilt. Neopren-Anzüge sind nicht erlaubt. Stephen schwimmt also nur mit Badehose, Badekappe und Chlorbrille. Er gehört zu den acht Schwimmern weltweit, die diese Querung bisher bewältigt haben.

Schwimmguru Steve Munatones hat den OCEAN'S SEVEN ins Leben gerufen. Dafür suchte er sich sieben Meerengen aus, die ein extrem trainierter Schwimmer gerade noch bewältigen kann, und wollte damit einen Kontrapunkt setzen zu den SEVEN SUMMITS, den sieben höchsten Gipfeln der Welt. Während diese allerdings schon eine ganze Reihe von Bergsteigern bezwungen haben, hat noch kein Mensch auf Erden die OCEAN'S SEVEN geschafft. Stephen Redmond könnte auch hier der erste sein.

Im Februar bricht er auf nach Japan und Hawaii. Sollten diese beiden Anläufe von Erfolg gekrönt sein, hätte er gleichgezogen mit seiner schärfsten Konkurrentin Penny Palfrey. Der 49-jährigen Australierin fehlt nur noch die Irische See zum Sieg in diesem Rennen für Wahnsinnige.

Wer Stephen beim Training zuschauen möchte, braucht nur zum Lough Hyne zu fahren. Zwischen Baltimore und Skibbereen in West Cork gelegen gilt dieser von Meerwasser gespeiste See als einzigartiges Naturwunder. Im Prinzip hat man es mit einem gigantischen Ebbetümpel zu tun. Er mißt immerhin 600 mal 800 Meter. Durch seine etwas erhöhte Wassertemperatur findet man in ihm marine Lebensformen, die nirgendwo sonst in Irland angetroffen werden. Seit 1981 ist er Irlands erstes *Marine Nature Reserve*. Mit ein wenig Glück kann man Stephen hier seine einsamen Bahnen ziehen sehen.

Man kann allerdings auch einen der umliegenden Hügel erklimmen und den Blick hinauswandern lassen auf Fastnet Rock, *The Teardrop of Ireland*, Wendemarke der Admiral's Cup Regatta und seit dem 17. August 2011 der Meilenstein in Stephens Schwimmerkarriere. Der Leuchtturmfelsen stellt den südlichsten Punkt des irischen Staatsgebiets dar. Seinen Spitznamen verdankt er nicht allein seiner exponierten Lage. Er schuldet ihn dem Umstand, daß er das letzte war, was Legionen irischer Auswanderer auf ihrem Weg nach Amerika von ihrer geliebten Heimat zu sehen bekamen.

Bei einem Teller Fischsuppe läßt es sich vorzüglich über all diese Dinge plaudern. Stephen ist ein eloquenter Typ, der seine sportliche Leidenschaft sehr gut in Worte zu fassen weiß. Er hat eine Frau und zwei kleine Kinder und arbeitet im normalen Leben beim Skibbereen Tool Hire. Dort kann jedermann, dem danach ist, einen Bagger oder eine Mischmaschine bei ihm leihen.

Am 17. Februar 2012 bezwang Steve die Cook Strait. Bei der zwölf Stunden und zehn Minuten währenden Strapaze, durch aufgewühlte See und sehr kaltes Wasser, kam er dem Tod nahe. Sein Kommentar hinterher: „Tell death to get lost!“ Jetzt fehlen ihm nur noch Hawaii und Japan.

Ein Ire in Japan

Tsugaru Straits trennt Japans Hauptinsel Honshu von Hokkaido. Hier ergießen sich gewaltige Wassermassen aus dem Pazifik in das Japanische Meer. Dank der Gezeitenunterschiede in den beiden Meeren erreicht die Strömung hier Geschwindigkeiten von bis zu neun Knoten, was 16,2 km/h entspricht. Hinsichtlich der Größe ist Hokkaido nur unwesentlich kleiner als Irland. Die beiden Inseln liegen auch auf demselben Breitengrad. Und für das Wetter hätte Stephen Redmond auch zu Hause bleiben können. Der Frühsommer ist kühl und unbeständig.

Die Bewohner Hokkaidos werden von den Japanern der südlicheren Inseln als haarige Wesen höhnisch belächelt und in die Nähe von Affen gerückt. Doch in dem von einer heißen Quelle versorgten Badehaus kann Stephen keinerlei Körperbehaarung an der einheimischen Bevölkerung entdecken.

Über diese Dinge sinnierend seift er sich seinen Pelz und reinigt Körper und Seele für das finale Schwimmen, an dessen Ende er als derjenige dastehen möchte, der als erster Mensch auf Erden die OCEAN'S SEVEN Challenge gemeistert hat. Die Haare auf seinem massiven Brustkörper sind die einzige isolierende Schicht, die ihn von den zwölf Grad des Wassers dort draußen trennen.

Sechs Kanäle hat er bereits bezwungen. Er ist in Neuseeland von der Nordinsel zur Südinsel geschwommen, von Nordirland nach Schottland, von England nach Frankreich, von Europa nach Afrika, durch die haiverseuchten Gewässer Hawaiis und den Katalina Chanel vor Los Angeles in Kalifornien. Tsugaru Straits hat er sich für den Schluß aufgehoben.

Von Hakkodate im Süden schlängelt sich die Küstenstraße das schmale Band zwischen waldreichen Bergen und dem Meer entlang. Gelb-schwarze Schilder warnen auf Englisch und Japanisch vor der Tsunami-Gefahr und erinnern Steve an die Macht des Meeres. Fischerdörfer säumen die Straße. Vor den Häusern hängt Seetang zum Trocknen auf eigens dafür errichteten Gestellen.

Für dieses Schwimmen hat er sich der *Tsugaru Straits Swimmer's Association* (TSSA) anvertraut. Sie organisieren Flug, Hotel, Leihwagen, Boot und Skipper für ihn und sein Team. – Eine Entscheidung, die er noch bereuen wird. Der TSSA besteht im Prinzip nur aus zwei Personen: Chairman Ishi, Schwimmlehrer aus Tokio, und Eri, eine Japanerin, die für den Event extra aus ihrem New Yorker Exil angereist kam. Im Vorfeld war es den beiden gelungen, Steves ärgste Konkurrentin Penny Palfrey durch die Meerenge zu lotsen – eine Tortur, die über siebzehn Stunden gedauert hatte. Damit hatte die Australierin auch sechs der Kanäle komplett. Ihr fehlt bis heute der Nordkanal zwischen Nordirland und Schottland.

Das Hotel liegt in einem waldreichen Seitental, nur fünf Minuten vom Strand entfernt. Ein klarer Lachsfluß strömt vorbei. Nachts schwirren gigantische Falter um die Außenbeleuchtung. Die Unterbringung von Stephen, seinem Bruder Anthony und drei weiteren Freunde, die das „support-team“ bilden, ist recht beengt. Ich begleite als Autor das Filmteam aus Deutschland. Im Auftrag von Red Bull hatten wir schon sein Training in der irischen Heimat dokumentiert und hoffen nun auf spektakuläre Bilder vom Finish. Uns ergeht es nicht besser. Der Kameramann und sein Assistent bauen sich Zelte am Flußufer auf, um der unerträglichen Enge des Fünf-Bett-Quartiers zu entkommen.

Weitere Probleme bei den Dreharbeiten türmen sich auf. Der deutsche Zoll konfiszierte ohne unser Wissen auf dem Frankfurter Flughafen die Kamera-Akkus als Gefahrengut, so daß die fabelhafte Red-Epic-Digitalkamera unbrauchbar in der Ecke steht. Das nachgelieferte Equipment landet zwar glücklich in Tokio, wird von dort aber nicht weiterbefördert, weil Finnair vergaß, die Frachtpapiere auszuladen und sie stattdessen zurück nach Helsinki flog. Außerdem kam es zum Streit mit der TSSA wegen Red Bulls Exklusivrechten an Steves letztem Schwimmen. Sie verlangten, daß das japanische Staatsfernsehen NHK eigene Aufnahmen machen dürfte. Nach komplizierten Verhandlungen durften die Japaner filmen und versorgten das Filmteam im Gegenzug mit drei Akkus. Diese wurden allerdings an Eri von der TSSA ausgehändigt, welche die Dinger erst mal bei sich unterm Bett versteckte. Erst mit einer Literflasche irischen Whiskeys konnten dieses Problem zur Begeisterung der Iren aus dem Weg geräumt werden.

Das Warten aufs Equipment wurde zur nächsten harten Belastungsprobe. Zum Glück blieb das Wetter schlecht, sonst wäre Steve ohne Kamerabegleitung geschwommen. Natürlich ging der von den Dreharbeiten entfachte Nervenkrieg nicht spurlos an ihm vorbei. Er versuchte, sich mental auf den Marathon vorzubereiten und konnte keinen Streß gebrauchen.

Am 14. Juni 2012 klärte sich der Himmel und für den nächsten Tag wurde das Schwimmen angesetzt. Das Equipment war immer noch nicht eingetroffen. Zur großen Enttäuschung Steves und zur heimlichen Erleichterung des Filmteams wurde das Ereignis vom Skipper um einen Tag nach hinten verschoben. Am 15. Juni konnte die Ausrüstung abends um acht am Flughafen von Hakkodate abgeholt werden. Um zwei Uhr morgens darauf bestiegen wir unsere Boote und brachen nach Honshu, der japanischen Hauptinsel, auf.

Es geht los: Der Morgen graut bereits, als Steve ins Wasser springt. Während die beiden Begleitboote warten, schwimmt er die hundert Meter zum felsigen Strand, steigt aus dem Wasser, ruft dem dort wartenden NHK Kameramann „Arrigato Nippon" zu und legt los. Die ersten drei Stunden lang läuft alles gut. Steve schwimmt mit ruhigen 56 Schlägen pro Minute und bekommt alle 45 Minuten durch einen Pfiff mitgeteilt, daß es Zeit zur Fütterung ist. Ein heißer Powerdrink in einer Plastikflasche wird ihm zugeworfen. Er stürzt das Getränk in sich hinein und schwimmt, ohne Zeit zu verlieren, weiter. Das Wasser ist extrem kalt – höchstens zwölf bis dreizehn Grad. Nach drei Stunden frischt der Wind auf. Mit dem Verlassen der schützenden Bucht werden die Wogen höher. Er kämpft sich durch die Wellenkämme und bekommt Probleme mit dem Luftholen. Die Begleitboote geraten gefährlich ins Stampfen. Wellen brechen über dem Schwimmer zusammen. Quälende Sekunden lang bleibt sein Körper unter Wasser gedrückt. Nach sechs Stunden bricht der Skipper das Schwimmen ab. Steve wird aus dem Wasser gezogen. Niedergeschlagen machen sich die Menschen in ihren Booten auf den Heimweg.

Zwei Tage später folgt der zweite Versuch. Die Zeit drängt. Stephen ist schon über zehn Tage fort von Frau, Kindern und Job. Der Rückflug mußte bereits umgebucht werden. Die Wettervoraussetzungen allerdings sind an diesem Tag recht gut. Zwar ist der Himmel bewölkt und keine Sonne in Sicht, die ihm im Wasser den Rücken wärmen könnte. Dafür liegt die See glatt wie Blei vor ihm. Wieder werden die Boote bemannt. Auf geht es, zu demselben felsigen Strand von Honshu wie am vorvergangenen Tag. Körperlich ist Stephen in guter Verfassung. Die sechs Stunden waren für ihn lediglich ein besserer Warm-up. Aber es nagt eine Frage an ihm, die er sich schon die ganze Zeit stellt: Wieso läßt die TSSA ihn eine andere Strecke schwimmen als jene, die seine Konkurrentin Penny erfolgreich hinter sich gebracht hat? Penny schwamm nämlich in Gegenrichtung von Hokkaido nach Honshu. Warum soll er es umgekehrt machen? Er denkt an die Seekarte, die er, sein Team und die TSSA gemeinsam studiert haben. Just an der Stelle, wo er nun das zweite Mal ins Wasser steigen wird, herrscht eine gewaltige Kreisströmung. Kann er es überhaupt schaffen, sie zu durchbrechen, um in die Hauptströmung zu gelangen, die ihn ans andere Ufer tragen wird?

Wie sich herausstellt, kann er dies nicht. Er gibt alles, schwimmt, als gelte es sein Leben. Aber gegen eine Strömung von neun Knoten kommt auch ein Stephen Redmond nicht an. Wie es aussieht haben Ishi und Eri ihn in einen gewaltigen Strudel gesetzt, aus dem es kein Entkommen gibt. Als sich nach 13,5 Stunden die beiden Landmarken – ein kleiner Leuchtturm und ein Atomkraftwerk – immer noch nicht verschoben haben; als klar ist, daß Stephen die ganze Zeit auf der Stelle schwimmt, hat sein Team Erbarmen und zieht ihn aus dem Wasser.

Die Niederlage schmeckt bitter. Er muß seinen Unterstützern, den Menschen in Ballydehob und Skibbereen, die trotz Krise noch fünfzig Euro zusammenkratzen konnten, die an ihn glaubten, die ihm die Japanreise ermöglichten, entgegentreten und bekennen, daß er sie enttäuscht hat. Es gibt nur eine Möglichkeit: weitermachen, nicht aufgeben, es noch mal versuchen – aber nicht mehr mit der TSSA.

Um das Unheil voll zu machen verhinderte ein Taifun der Kategorie vier, die stärkste, seine Abreise aus Hakkodate für drei Tage. Stephen und sein Team fühlen sich regelrecht gefangen. Sie beginnen, Japan zu hassen und sagen dies auch vor der Kamera.

Zurück in Irland setzt Stephen alle Hebel in Bewegung, um Gelder für den nächsten Anlauf herbeizuschaffen. Diesmal vertraut er sich dem Kalifornier Stephen Munatones an, dem Erfinder des OCEAN'S SEVEN Wettbewerbs. Marathonschwimmlegende Munatones ist mit einer Japanerin verheiratet, spricht perfekt Japanisch und hat Tsugaru in einem „Double-Crossing" selbst bereits bezwungen. Angenehm im Umgang freut er sich über die Zusammenarbeit mit Red Bull. Er ist dankbar für die mediale Aufmerksamkeit für diesen von ihm propagierten Extremsport.

Am 10. Juli ist Stephen wieder im Wasser. Diesmal schwimmt er von der westlichen Halbinsel aus. Nach 12 Stunden ist er immerhin ein Drittel der Strecke geschwommen. Die Strömungsverhältnisse sind auch hier schwierig. Aber es sind der heraufziehende Sturm und Sicherheitsbedenken, die den Skipper veranlassen, Stephen aus dem Wasser zu ziehen. Verzweiflung greift nach Stephens Herz. Er flucht und schimpft und kann es einfach nicht fassen.

Das Red-Bull-Team reist ab. Munatones reist ab. Stephen blickt prüfend auf die hohen Klippen von Hokkaido, die sich herrlich dazu eignen, sich herabzustürzen, als sich am 14. Juli 2012 der japanische Skipper bei ihm meldet und fragt, ob er fit sei für einen nächsten Versuch. Das Wetter hat sich unerwartet verbessert. Stephen sagt ja, und zwei Stunden später geht es los. Es ist bereits Mittag, als er ins Wasser steigt. Es ist klar, daß er nicht vor Einbruch der Dunkelheit sein Ziel erreichen wird. Die japanische Küstenwache sieht nächtliches Schwimmen nicht gern, wegen der Gefahren für Verkehr und Fischfang. Stephen schwimmt trotzdem.

Diesmal erwischt er eine Strömung, die für ihn arbeitet. Zwölf Stunden später ist er der erste Mensch auf Erden, der den OCEAN'S SEVEN Challenge gemeistert hat.

Irland tobt. Bei seiner triumphalen Rückkehr säumen tausende die Straße. Freudenfeuer werden entzündet, als sein offener Doppeldecker-Bus vorbeizieht. Allenthalben wird angehalten und ausgelassen gefeiert. Die Iren wären keine Iren, wären nicht bereits Tage später epische Balladen auf ihn gedichtet und ein Lied eigens für ihn komponiert. Sein Titel: STEVE REDMOND, YOU'RE A LEGEND.

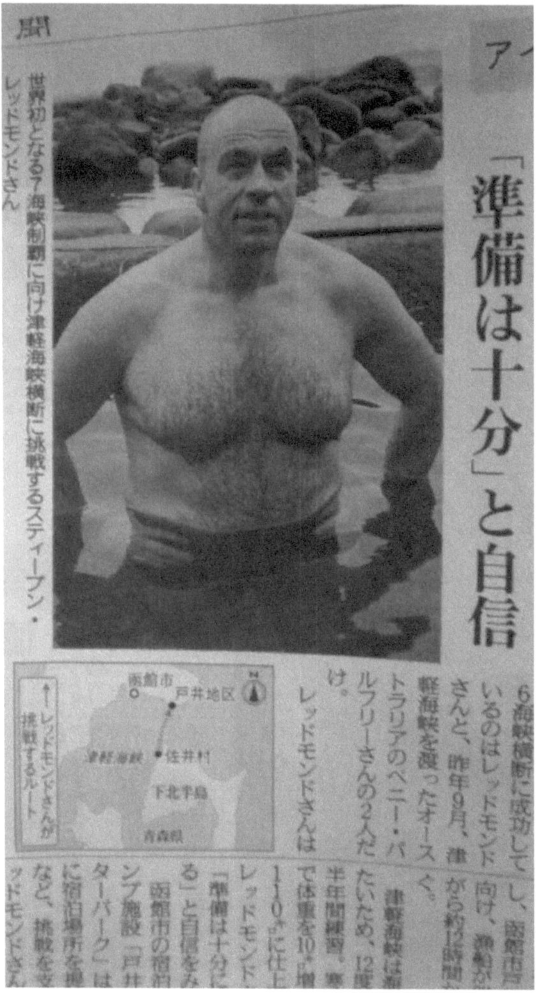

「準備は十分」と自信

世界初となる7海峡制覇に向け津軽海峡横断に挑戦するスティーブン・レッドモンドさん

6海峡横断に成功しているのはレッドモンドさんと、昨年9月、津軽海峡を渡ったオーストラリアのペニー・パルフリーさんの2人だけ。

レッドモンドさんは

Kätzchen-Trilogie

Kartoffelernte

Das Rattern der schweren Maschine. Das Knirschen der Ketten auf dem engen Asphalt. Die Vibrationen unter seinen Pobacken. Auch wenn er ein bißchen quietschte, tat der Hymac tadellos seinen Dienst.

Regen schlug gegen die Scheiben. Der Scheibenwischer quietschte zwar auch, doch er funktionierte und schuf eine etwas schlierige, aber trotzdem passable Durchsicht. Er ließ seinen Blick über die Bucht schweifen, über die tief hängenden Wolken, die Felseninseln, die silbrigen Strahlen der fernen Morgensonne am Horizont. Er hatte den Wetterbericht gesehen. Heute sollte es schön werden. Marc wußte: Ein glorreicher Tag begann meistens mit einem miserablen Morgen.

Mindestens sieben lange Jahre hatte der Bagger im Regen vor sich hin gegammelt. Marc hatte nur eine neue Batterie gekauft, eingebaut und – zack – war das Ding angesprungen. Das Glücksgefühl, als der Motor zu drehen anfing, als aus allen Lecks in schnellen Stößen der schwarze Qualm quoll, als endlich wieder im Zylinder der Kolben auf und nieder ging. Diese Bagger waren für die Ewigkeit gebaut. Diese Kraft. Dieser Lärm. Dieser süße Geruch nach Diesel, den er so liebte. Und er, Marc, der kleine Mensch hantierte an den Hebeln der Macht und konnte Berge versetzten.

Nach ein paar hundert Yards hatte er sein Ziel erreicht. Als erstes nahm er sich das Mäuerchen vor. Akkurat setzte er die Baggerschaufel am unteren Rand an. Er zog einen Hebel, und die runden Steine, vor Jahrhunderten von den Altvorderen in mühseliger Plackerei dort aufgeschichtet und durch die Pflege von Generationen am Platz gehalten, rumpelten in den stählernen Trog, fielen den modernen Zeiten zum Opfer. Denn was alt war, mußte weichen, um Platz zu machen für Neues. Die alte Mauer mußte weg, denn er, Marc, brauchte eine neue Straße, damit seine Kühe nicht mehr den langen Umweg trotten mußten, damit die Herde endlich die Abkürzung nehmen konnte.

Er schüttelte die Steine, schwerer, harter Granit, rund geschliffen von den Gletschern der Eiszeit zu einem Haufen neben der Mauer, wo sie die rote Melde zerquetschten. Keltengemüse der Bronzezeit, dessen Samen von irgendwelchen idealistischen Hippies, die sich den Erhalt aussterbender Gemüsesorten auf die Fahnen geschrieben hatten, in braunen Kuverts verkauft wurden und das er gar nicht als Gemüse identifizierte, das für ihn nur aussah wie irgendein seltsames Unkraut, denn er kannte eigentlich nur Gras und Kartoffeln. Gras brauchten seine Kühe, um die Milchquote zu erfüllen. Sie brauchten es in Hülle und Fülle, oh ja. Kartoffeln brauchte er, Marc, um sich und seine beiden Frauen zu nähren. Es gab keine bessere Speise. So einfach war das Leben hier am Rande der Welt, wo die See an den Felsen leckte und die Luft nach Tang und Jod duftete.

So einfach könnte es vielmehr sein, dachte er, gäbe es da nicht die Banken mit ihrer Gier nach seinem Geld, gäbe es nicht die Krise, gäbe es nicht diese verfluchten Nachbarn. Dieser Deutsche zum Beispiel. Friedrich hieß der Kerl. Kam hierher mit seinen neunmalklugen Witzen und seinen Moneten, kaufte irisches Land und erhob auf einmal Anspruch auf seine, Marcs, Insel. OK, die Sache waren ein wenig unklar. Aber egal. Es war seine Insel. Was wollte er eigentlich damit? Ein Haus drauf bauen? Marc hatte nur ein wenig sauer werden müssen und schon war er eingeknickt. Nicht, daß Marc mit diesem Eiland irgendetwas hätte anfangen können. Es wuchs ja kaum genug Gras drauf für eine Kuh. Und er hatte über hundert davon! Fehlte gerade noch, daß er bei all seiner Zeitnot noch mit einem Nachen eine einzige Kuh alle paar Wochen hin und her schipperte. Trotzdem: Was seins war, war seins, und das hatte auch dieser hirnlose Idiot am Ende kapieren müssen.

Die Sonne brach sich ihre Bahn durch die Wolkendecke. Blauer Himmel wurde sichtbar. Mehrmals noch griff die Baggerschaufel in das alte Mäuerchen, bis am Ende die Durchfahrt groß genug war für den Bagger. Wo der Bagger durchpaßte, da paßte auch seine Herde durch. Er nahm nur so viel weg, wie er brauchte. In dieser Hinsicht hielt er es mit den nordamerikanischen Indianern.

Er wendete den Bagger und fuhr durch die frisch geschaffene Einfahrt. Da standen sie vor ihm in sauberen Reihen: die gerade errötenden Tomaten, die Zwiebeln in Reih und Glied, der grüne Spinat, die dicken Bohnen, die feisten Kohlköpfe und – ganz klar seine Lieblinge – frisch erblüht, die Kartoffelpflanzen.

Beinahe zärtlich ließ er die Zähne der Baggerschaufel in die schwarze Erde sinken. Herzhaft biß der Bagger zu. Die Krume war weich wie der Schoß einer Frau. Marc hob die Schaufel an, drehte sein stählernes Ungetüm auf der Achse und kippte den Inhalt neben den Haufen aus Stein, erschuf einen neuen Haufen. Rot leuchtete die Ackerfrucht heraus. Kein Zweifel: Kerrs

Pink. Seine Lieblingssorte! Woher wußten diese Städter aus Dublin, wie man vernünftige Kartoffeln anbaute? Bestimmt hatten sie es sich in einem schlauen Buch angelesen.

Er nahm eine zweite Schaufel voll, machte den Haufen größer. Diesmal waren die Knollen gold-gelb. Die Sorte kannte er nicht. Egal. Nach der dritten Schaufelladung konnte er nicht mehr widerstehen. Er nahm den Eimer, den immer für alle Fälle mit sich führte, ganz gleich, ob er mit dem Traktor, dem Jeep, oder in diesem Falle halt, dem Bagger unterwegs war, von hinter dem Sitz hervor und stieg aus der Fahrerkabine. Wäre doch zu schade um die schönen Kartoffeln!

„As I was goin' over
The Cork and Kerry Mountains,
I saw Captain Farrell,
And his money he was countin'…",

pfiffen seine Lippen, während er den Eimer vollmachte, und auf seinem Gesicht war der Schalk zu sehen.

Immer noch pfeifend stieg er zurück auf den Fahrersitz, wo die Sprungfedern durch das Kunstleder gedrungen waren und ihm in den knochigen Hintern stachen. Er stellte den wohlgefüllten Eimer wieder an seinen Platz und machte weiter. Als nächstes waren die Möhren dran. Möhren hatte er immer schon gehaßt. Seine Mutter – Gott hab sie selig – hatte ihn immer mit diesen Dingern gequält. Angeblich waren sie ja sooo gesund.

Als die roten Rüben zu Boden prasselten, mußte er an seine Frau denken. Sie war ein gutes Mädchen. Aber sie hatte nur eine einzige Sache in ihrem hübschen kleinen Kopf: Sex. Wann kapierte sie endlich, daß er dreißig Jahre älter war als sie? Und obendrein war sie auch noch Protestantin! Gut, die Yankee-Protestanten waren noch was anderes als diese Bastarde aus dem Norden. Nicht, daß er irgendeinen kennen würde. Gott behüte. Die trauten sich ja nicht herunter, hier in den tiefsten Süden. Wäre ja noch schöner. Aber trotzdem. Die Yankees waren anders. Die stehen auf die harte Tour. Auch wenn sie noch so fromm tun. Gestern hatte er ihr mal die richtig harte Tour verpaßt. Nur, weil er keinen hoch gekriegt hatte. Dafür mußte sie doch Verständnis haben. Er hatte halt die Kühe im Kopf. Jeden Tag mußte er sie diesen langen Weg treiben. Zwei Kilometer hin zur Weide und zwei Kilometer zurück zum Stall. Und dann war auch noch das Kalb gestorben.

OK, er hatte ein bißchen zu fest zugeschlagen. Eigentlich wollte er ihr nur eine Backpfeife verpassen. Warum mußte sie ihn auch auslachen? Und dazu noch ihr hysterisches Gezicke. Sie hatte bekommen, was sie verdient hatte.

Eigentlich stand ihr das Veilchen gar nicht so schlecht, fand er. Für die Nachbarn war sie halt die Treppe runtergefallen. Kam in den besten Familien vor. Wenigstens war danach Ruhe gewesen. Fast jedenfalls. Kaum hatte die Gattin aufgehört zu schreien, da fing schon das Mädchen an, und er hatte wieder die ganze Nacht kein Auge zugetan. Woher nahm eine Dreijährige nur die Energie, eine ganze Nacht lang zu brüllen? Aber damit war jetzt Schluß. Die Abkürzung war die Lösung seiner Probleme.

Grünlich-blau schimmerte das Kupfervitriol auf den Tomaten, um sie vor der Fäule zu schützen. Irland hatte nicht das richtige Klima für diese Südfrüchte. Sie gehörten einfach nicht hier hin. In Italien mochten Tomaten vielleicht Sinn haben, aber nicht hier. Er mochte sie eh nicht. Sie schmeckten ihm nicht. Er haßte die Dinger.

Mit einem Ziehen am richtigen Hebel ließ er den Hymac vorwärtsrucken und zermalmte unbarmherzig die Tomatenstangen unter den schweren Ketten. Das gab ihm ein gutes Gefühl. Das war allerdings auch genau der Augenblick, als Patrick herangerannt kam. Schade, daß er zu beschäftigt mit den Hebeln war, um sein Telefon herauszukramen und das dämliche Gesicht zu filmen, das der Kerl jetzt machte. Gleich würde er anfangen zu schreien. Marc freute sich schon darauf. Und wirklich dauerte es nicht lange, da schrie Patrick, was das Zeug hielt. Das Beste daran war, daß Marc ihn nicht hören konnte. Der Motor war viel zu laut. Sollte er doch schreien, soviel er wollte. Er, Marc, war im Recht. Was zählte schon der Gemüsegarten eines Hobbygärtners aus der Stadt, wenn es um die Existenz eines Farmers ging?

Rennend und wild mit den Armen fuchtelnd kam Patrick angerannt. Patricks Glatzkopf war so rot angelaufen, daß er jetzt die Farbe annahm, die eben noch seine Tomaten überzog, ehe sie unter dem Bagger landeten. Langsam wurde Marc doch neugierig und wollte wissen, was Patrick in dieser Situation zu sagen hatte. Er drosselte den Motor und streckte den auf einem mageren Hals sitzenden, von grauen Löckchen gesäumten Kopf aus dem Führerhaus.

„Was machst du mit meinem Gemüsegarten? Weißt du, wieviel Arbeit das war? Hör sofort auf! Das ist mein Land!"

Was für ein Weichei! So etwas kam davon, wenn einen die Eltern aufs College schickten. Wenn ihm, Marc, so etwas passiert wäre, hätte er schon mindestens zwanzigmal „Fuck" gebrüllt und dazu den Heiland, die Jungfrau und die heiligen Sakramente als Zeugen angerufen.

„Ich hab hier das Wegerecht", schrie Marc zurück. „Da hättest du wohl mal ein bißchen besser nachhorchen sollen, ehe du dir das Land gekauft hast."

„Das stimmt doch gar nicht. Wo steht das?"

„Soll ich das Buch nach dir werfen, oder wie? Auf meinem Arsch steht's geschrieben. Komm doch her und lies es nach!"

„Nach dir werd ich das Buch werfen, wenn du nicht sofort deinen Bagger von meinem Land fährst! Den Prozeß verlierst du!"

Statt einer Antwort fuhr Marc den Motor wieder hoch und wälzte noch ein paar Kohlköpfe platt. Das war zu viel für Patrick. Wenn er wirklich ein Weichei war, dann war er ein mutiges. Denn ohne die frisch angesäte Rote Beete zu achten, stiefelte er durch sein Beet und stellte seinen weichen Körper dem heranrollenden, kalten, erbarmungslosen Stahl in den Weg.

Während der Abstand zwischen ihnen immer geringer wurde, starrten die beiden Männer sich in die Augen und Marc erkannte, daß der andere nicht weichen würde, daß ihm nun die Salatköpfe, die Zuckererbsen und das wenige, das sonst noch von seinem Gemüse übriggeblieben, wichtiger war, als das eigene Leben.

Trotzdem. Ein Stückchen noch. Vielleicht sprang er ja doch zur Seite.

Doch Patrick sprang nicht. Das Tomatige war zwar aus seinem Gesicht gewichen und es hatte nun die Blässe eines Leichentuchs angenommen. Aber zur Seite springen tat er nicht. Wenige Zoll vor Patricks Zehenspitzen brachte Marc den Hymac zum Stehen. Er war ja kein Mörder. Auch wenn es ihm in den Fingern juckte, ein Mörder war er nicht.

Patrick zückte das Handy und wählte die Nummer der Garda.

Typisch. Wenn der Kerl nicht weiter weiß, ruft er in den Baracken an. Eben waren wir doch noch dabei, die Sache von Mann zu Mann zu regeln. Er, Marc, hat sich sein Leben lang nicht einmal in der Nähe der Baracken blicken lassen. Hatte er nicht irgendwo gelesen, daß die Nazis nur deshalb so erfolgreich waren, weil die Deutschen für ihr Leben gern ihre Nachbarn denunzierten?

Er ruckte den Hymac ein Stück von Patricks Füßen weg, drehte den Turm, setzte die Schaufel im Mangold an. Doch Patrick sprang, das Telefon am Ohr, hinzu, stellte sich in den Weg, schien die Denunziation abgeschlossen zu haben, denn er steckte das Handy jetzt wieder weg und hängte sich mit beiden Armen an den Greifarm. Marc fuhr den Greifarm ein Stück in die Höhe, nicht zu hoch, damit er nicht zu tief fiel und sich die Knochen brach, wenn seine Armmuskulatur weich wurde, wenn sie nachgab.

Im schönsten Sonnenschein baumelte Patrick stumm am Baggerarm und warf einen scharfen Schatten auf die zerstörte Krume seines Gartens. Marc holte den Tabak aus der Brusttasche seines Hemdes und drehte sich eine

Zigarette. Rauchend holte er anschließend sein Telefon aus der Tasche und schoß nun doch ein Photo von Patricks blödem Gesichtsausdruck, und zwar genau in dem Augenblick, als er losließ.

Hart landete er auf der Krume seines Gemüsegartens und verstauchte sich den Knöchel des linken Fußes. Mit vor Schmerz verzerrter Miene und sich den Knöchel reibend, rief er: „Das war Körperverletzung! Außerdem haben wir jetzt nichts mehr fürs Abendessen."

„Da vorne auf dem Haufen liegen noch jede Menge Kartoffeln."

„Soll ich sie mir etwa zwischen all den Steinen herausklauben?"

„Ich hab zu Hause noch ein paar Steaks. Die kannst du haben."

„Leck mich. Du weißt doch ganz genau, daß wir Vegetarier sind."

In der Ferne leuchtete neongelb die Warnlackierung des Polizeiautos zwischen den Mauern hervor. Am Himmel strahlte die Sonne durch Schäfchenwolken. Ein glorreicher Tag.

Das Kätzchen

Was war eigentlich eine Marine?

Gracey saß im rosa Sitz ihrer Schaukel, aus dem man nicht so schnell herausfallen, aber auch nicht wirklich gut schaukeln konnte und baumelte vor sich hin. Der Himmel war bedeckt. Es war nicht kalt und nicht warm. Sie sah die Katze das Gebüsch entlangschleichen. Die Katze hieß Rose und suchte immer noch nach ihrem Kätzchen. Mit lautem, klagendem Miauen rief sie es. Aber Papa hatte es ja zur Marine geschickt. Als die Erinnerung kam, schwang Gracey Oberkörper und Beine ein paarmal heftig hin und her, bis sich die Schaukel pendelnd und asymmetrisch trudelnd in Bewegung setzte.

Das Fell von Rose war grau getigert. Aber das von ihrem Kätzchen war rot gewesen. Normalerweise bekamen Katzen ganz viele Babys. Oft waren es sieben oder acht oder noch mehr. Gracey stellte sich all die kleinen verspielten Wollknäuel vor und mußte ein wenig lächeln. Aber Rose war ja noch ganz jung und es war ihr erster Wurf gewesen und eins der Welpen war schon tot, als es zur Welt kam. Und das Überlebende hatte Papa zur Marine geschickt. Durch den offenen Türspalt hatte Gracey beobachtet, wie er das zappelnde Katzenbaby in einen Kohlensack aus geflochtenen weißen Plastikfäden gesteckt hatte und einen Stein dazu gelegt hatte und damit dann in Richtung Strand verschwunden war. Dorthin war Gracie ihm nicht mehr gefolgt. Denn eigentlich wollte sie gar nicht so genau wissen, was die Marine war. Jedenfalls hatte die Marine etwas mit Wasser zu tun und war eine Sache, zu der man Kätzchen brachte, die dann nicht mehr zurückkamen.

Und was war eigentlich ein Prozeß?

Soviel hatte Gracie kapiert. Ein Prozeß war teuer, vor allem, wenn man ihn verlor. Deshalb ging Mama jetzt immer zu Aldi und nicht in den CARA. Und deshalb bekam Gracey jetzt keine Cornflakes mehr, sondern so ein Zeug, das irgendwie komisch schmeckte. Immerhin war es schön süß. Zu einem Prozeß gehörte ein Anwalt. Das hatte Gracey auch schon verstanden. Außerdem mußte man mit einem Anwalt viel telefonieren. Danach hatte Papa dann immer ganz schlechte Laune und wollte ihr zum Einschlafen nichts mehr aus ihren Bilderbüchern vorlesen. Da hatte sie Pu der Bär halt allein gelesen. Das konnte sie schon, obwohl sie erst drei war. Gracey war nämlich klug. Das sagten alle. Aber was ein Prozeß war, konnte ihr keiner erklären. Noch nicht mal Mama. Die hatte es aber immerhin versucht. Es hatte irgendetwas damit zu tun, daß Papa den Gemüsegarten von Patrick weggebaggert hatte. Papa hatte gesagt, daß er Recht hatte. Aber der Richter hatte gesagt, daß das nicht stimmt. Was war ein Richter? Gracey fing wieder an zu schaukeln, asymmetrisch und trudelig, so heftig diesmal, daß die Metallfüße der Schaukel vom Boden abhoben und das ganze Gestell zu klappern anfing.

Und was hatte Papa eigentlich gegen L.A.? Sollte er doch mal mitkommen. Dann könnte er auch sehen, wie schön es da war. Da gab es auch ganz tolle Autos. Außerdem schien da immer die Sonne. Aber Papa haßte L.A. Obwohl da Oma und Opa wohnten. Cornflakes waren da auch kein Problem.

Als das Schaukelgestell sich beruhigt hatte, kletterte Gracey aus dem rosa Plastiksitz heraus und ging zu Rose, die sich vor der Hecke hingesetzt hatte und immer noch miauend nach ihrem Kleinen rief. Sie streichelte die Katze und Rose hörte auf zu miauen, fing aber nicht an zu schnurren, wie sie es früher immer gemacht hatte.

Was eine Bank war, wußte Gracey. Das war ein Haus, wo man Geld kaufen konnte. Die Leute da waren immer sehr nett gewesen. Aber Papa hatte gesagt, daß sie jetzt nicht mehr nett waren und ihm kein Geld mehr geben wollten, noch nicht mal leihen. Und das, obwohl Papa wegen dem Prozeß und den Kühen und überhaupt gerade jetzt ganz viel Geld brauchte. Das fand Gracey gemein. Irgendwie hatte das alles auch mit der Krise zu tun. Aber was war eine Krise?

„Ich hau ab und nehme die Kleine mit. Du brauchst uns doch gar nicht. Du hast doch deine Kühe!“, wurde aus dem Haus geschrien. Es war immer die Mama, die schrie. Papa brüllte eigentlich nie. Papa war immer ruhig und sanft. Aber jetzt schrie Papa auch, und Gracey hielt sich die Ohren zu. Die Katze machte einen Satz und war im Gebüsch verschwunden.

Gracey wollte nicht hören, was die Erwachsenen schrien. Sie verstand es sowieso nicht, dieses ganze Erwachsenenzeug.

Sie hörte die Haustür zuknallen. Dann ging der Motor des Jeeps an. Mama fuhr weg ohne Gracey. Hatte sie nicht eben noch gebrüllt, daß sie sie mitnehmen wollte? Sie verstand es einfach nicht, dieses Erwachsenenzeug.

„Gracey.“

Das war Papa. Er stand in der Hintertür des alten Cottage.

„Gracey, komm her."

Sie lief zu ihm. Marc kniete sich zu ihr herunter und nahm sie in die Arme. Marc weinte. Gracey hatte ihren Papa noch nie weinen gesehen. Sie legte ihre Arme um seinen Hals, kuschelte sich ganz eng an ihn. So verharrten sie eine Weile, während Tränen Marcs Backe hinabrannen.

„Papa läßt dich nie allein. Du bleibst immer bei Papa."

„Und was ist mit Mama?" Zart war ihr Stimmchen, das Stimmchen einer Dreijährigen.

„Ich werde Mama einen Brief schreiben."

Marc löste sich von seiner Tochter, ließ sie stehen im Licht der untergehenden Sonne und ging ins Haus. Im Hineingehen wischte er sich mit dem Ärmel seines Hemdes die Tränen vom Gesicht.

Gracey hielt nach Rose Ausschau. Aber Rose blieb verschwunden, suchte wohl immer noch ihr Kätzchen. Da ging Gracey zurück zu ihrer Schaukel. Sie kletterte in den Plastiksitz und schaukelte wieder, asymmetrisch, trudelig, in Ellipsen. Schaukelnd sah sie hinaus auf das Meer hinter den Büschen aus Stachelginster. Rot versank der Feuerball am Horizont. Flammend rot war der Himmel. Makrelenhimmel nannte ihr Vater die schillernd gerippte Wolkenformation, die mit Zirren von einem fernen Sturm auf See kündete. Im Hof vor dem Haus war es ganz windstill.

„Komm, Gracey. Wir gehen runter zum Strand."

Er hob sie aus der Schaukel und nahm sie bei der Hand. Gemeinsam gingen sie die Auffahrt hinab und das kurze Stück Straße bis zum steinigen Strand der kleinen Bucht. Der Strand war menschenleer. Ein paar Fischerboote lagen, dem Zugriff der Wellen entzogen, auf dem kleinen Streifen Grün, der den Strand von dem dahinter liegenden kleinen Teich trennte, den der Bach fütterte, bevor er durch Steine und Sand hindurch im Meer versickerte.

Am Strand angekommen ließ er sie stehen und ging mit sich ringend den Strand einmal auf und ab. Plätschernd brachen sich die Wellen vor ihren kleinen Füßen, wirbelten Sand und kleine Steine auf, was ein klickerndes Geräusch hervorrief. Sie trug Stoffschuhe aus Segeltuch. Die durften nicht naß werden. Das hatten ihr Mama und Papa immer gesagt. Papa hätte ihr die Gummistiefel anziehen sollen, wie er es sonst immer tat, wenn sie zum Strand gingen. Gracey nahm einen Stein und warf ihn ins Wasser. Platschend traf er auf die Oberfläche und versank, war aber nicht besonders weit geflogen, da sie noch nicht so gut werfen konnte. Sie nahm einen zweiten Stein, warf auch den, war dabei aber so nah ans Wasser gegangen, daß eine der Wellen ihre Füße erwischte und die Schuhe naß wurden. Plumps machte der Stein und versank und Gracey bekam ein schlechtes Gewissen, weil Papa die Schuhe vor dem Kamin würde trocknen müssen.

Da stand er auch schon vor ihr. Anstatt zu schimpfen nahm er sie auf den Arm.

„Meine Schuhe sind naß geworden.“

„Das macht heute nichts. Siehst du, Papa macht seine Schuhe auch naß.“

Mit dem Kind auf dem Arm schritt er durch die nächste sanft plätschernde Welle hindurch ins seichte Wasser. Sie legte ihren kleinen rothaarigen Kopf auf seine Schulter. Als das Wasser ihm bis zur Hüfte reichte, blieb Marc stehen. Sie zog die Beine an, damit ihre Schuhe nicht noch nasser würden. Es war schön mit Papa hier im Wasser zu stehen. Sowas hatte er noch nie mit ihr gemacht. Er hatte ja auch immer so wenig Zeit; wegen den Kühen und wegen dem Prozeß. Sie vertraute ihrem Papa. Wie sollte sie auch nicht? Papa hatte ihr noch nie weh getan. Von Mama gab es manchmal einen Klaps auf den Po. Aber so war eben Mama. Papa machte sowas nicht.

Marc sah auf die Wellen am Strand, sah das Wasser die Schieferfelsen lecken, sah die Boote am Strand, den Stechginster im unentwirrbaren Grün. Dann tat er es. Brutal riß er sie von seinem Hals. Gracey versuchte, sich festzuklammern. Gegen die starken Arme des Vaters hatte sie keine Chance. Er drückte sie unter Wasser, bis sie aufhörte zu zappeln. Um sicher zu gehen, daß sie tot war, hielt er sie noch eine Weile dort. Er ließ sie los. Der kleine Körper sank auf den flachen Grund. Ihre langen roten Haare, auf die beide Eltern immer so stolz gewesen waren, schwebten in der Strömung.

Marc streifte sich die Schuhe von den Füßen und begann zu schwimmen. Er war kein besonders geübter Schwimmer, hatte es als Kind gelernt, später aber nie die Muße gefunden, seine Fähigkeit zu trainieren. Das Wasser des Nordatlantiks war schneidend kalt. Seine Haut schmerzte vor Kälte. Er hieß den Schmerz willkommen, wunderte sich, daß er überhaupt noch etwas spürte. Die Erinnerung kam in ihm hoch, wie er als schmächtiger Junge an einem heißen Sommertag vom Pier nahe seiner Schule in Schuluniform mit seinen Freunden ins Wasser gesprungen war.

Er schwamm dem Abendrot entgegen. Nach einer Weile hörte er auf. Er ruderte noch ein wenig mit den Armen, hielt sich über Wasser, blickte zurück zu dem Ort des Mordes, meinte, ein Bündel aus Kleidern und roten Haaren in den sich brechenden Wellen erkennen zu können, und blickte noch einmal hinauf zu der Stelle, an der die Bäume sein Haus verdeckten. Er atmete aus und ließ sich sinken. Als sein Rücken auf den sandigen Grund stieß, starrte er mit weit aufgerissenen Augen auf die verschwommen schillernde Wasseroberfläche über sich. Einen Augenblick noch. Noch einen. Seine Lungen schrien nach Luft. Er füllte sie mit einem Schwall Salzwasser.

Ruthy hatte keinen Sinn für den schönen Sonnenuntergang. In gemächlichem Tempo fuhr sie die enge Straße entlang zwischen grasbewachsenen Mauern. Durch die Windschutzscheibe sah sie die Felder und das Moor und sagte sich, daß sie bald Abschied nehmen würde von diesem Land, das sie so liebte. In der Selbsthilfegruppe war sie in ihrem Entschluß bestärkt worden. Durch ihren Kopf schwirrten die Sätze der anderen geschlagenen Ehefrauen:

„Nimm dein Kind und geh weg von ihm … Keine Frau hat es verdient, geschlagen zu werden … Du bist jung. Du bist schön. Du findest einen neuen Mann, einen neuen, einen besseren Vater für dein Kind …“

OK. Sie würde es tun, würde zurückgehen nach L.A. und ein neues Leben beginnen; ein Leben ohne Kühe.

Ruthy parkte den Jeep hinter dem Haus und wunderte sich, daß kein Licht brannte. Sie stieg aus dem Wagen und öffnete die Haustür. Sie war nicht abgeschlossen. Waren Marc und Gracey doch zu Hause? Mit singender Stimme rief sie Gracey. Als die nicht antwortete, rief sie, mit Kühle in der Stimme, nach Marc. Auf dem Küchentisch fand sie den Brief. Sie sah auf die Unterschrift, Marc, las, begriff den Inhalt der Zeilen sofort und ihr Mund wurde trocken. Er würde Gracey für immer vor ihr schützen.

Panisch liefen ihre Finger über den Bildschirm ihres Smartphones. Sie rief nicht die Garda an, sondern John, den Immobilienmakler, den Mann, der hier das Sagen hatte im Dorf und auf den Farmen, den Häuptling. Er sollte kommen und den Schwimmer mitbringen, den Nationalhelden, der die sieben Ozeane besiegt hatte, der niemals aufgab. Er wohnte doch direkt um die Ecke, war Nachbar. Gemeinsam sollten die zwei Ruthys aus den Fugen geratene Welt wieder gerade biegen.

John erreichte der Anruf am Steuer seines silbernen Mercedes. Er riet ihr im Haus zu bleiben, zu warten. Allein könne sie eh nichts erreichen, jetzt wo die Dunkelheit anbrach. John versprach, den Schwimmer mitzubringen.

Es dauerte etwa eine Viertelstunde, ehe die beiden durch die Haustüre traten. Zeit genug, die Zeilen wieder und wieder zu lesen, immer sicherer zu werden über ihre Bedeutung, immer fassungsloser.

Die Männer überflogen den Brief und gingen mit ihr hinunter zum Strand. Ruthy rannte. Die Herzen verknotet machten die beiden Männer lange, hektische Schritte hinter ihr her.

Das Meer hatte den Körper des Kindes schon freigegeben. Naß und mit grauem Sand im Haar, auf der Haut, auf den Kleidern, lag er in der Ebbezone. Ruthy stürzte sich auf ihn. Ihre Lippen suchte Graceys Lippen und wollten frisches Leben hineinpusten in ihren Mund. Aber der Kindermund war voll mit Sand und die Mutter wußte, daß das Leben nicht mehr zurückkehren würde in die zarten Glieder ihrer Tochter. John der Makler faßte sie sanft bei der Schulter.

Der Schwimmer kletterte auf eine Klippe. Im Zwielicht hielt er Ausschau und sah Marc in den Wellen treiben. Er schwamm los, den Körper zu bergen, beeilte sich nicht, konnte gut schwimmen, aber konnte die aus den Fugen geratene Welt nicht gerade biegen.

Zwei Tote in einem Sarg

Ein Mann näherte sich dem Haus. Seine Haare waren unter einer Wollmütze verborgen. Unter und über die Augen war zwei Fingerbreit der Ruß einer Kerze aufgetragen, die er während der Observation unter seine Teetasse gehalten hatte. Gebückt schlich er die Auffahrt hoch, vermied den Schotter, trat auf Grasnarben, machte keine Geräusche. In den Händen hielt er ein altes amerikanisches Sturmgewehr vom Typ Armalite AR-18 des Kalibers 5.56x45mm NATO.

Manch braver IRA-Mann hatte es in den Händen gehalten, als die englische Kugel ihn traf und seinem Kampf ein Ende setzte. Der hölzerne Schaft war zerschrammt. Sein Lauf glänzte gut geölt, schwarz, im Licht des fahlen Mondes. Die guten Männer hatten es verstanden, reich Ernte zu halten mit dem Gewehr für den Gevatter Tod. Die Kugeln dieses Gewehrs waren durch Brüste geschlagen, durch Arme, Adern, Köpfe, Lungen. Das Gewehr konnte keine Geschichten erzählen. Aber vielen guten Geschichten und auch schlechten hatte es das Ende beschert.

Irgendwann war es nicht mehr gebraucht worden im von den *troubles* geplagten Norden, und war hier herunter gekommen, in den friedlichen Süden, wo es eigentlich auch keiner brauchte.

Dunkel ragte das Haus vor dem Mann mit dem Sturmgewehr in den Nachthimmel. Hier hatte er gewohnt, der Farmer, der erst sein geliebtes Kind und dann sich selbst im Meer ertränkt hatte. Das Haus war tot. Niemand würde hier mehr wohnen. Sollten doch die Nachbarskinder die Scheiben einwerfen. Falls sie dies seinließen, war es auch egal. Die Stürme würden sich schon kümmern über die Jahre, die kommen würden, so sicher wie das Amen nach dem Ave Maria. Wegen dem Haus war er nicht hier. Dabei war es ein schönes Haus; die schönste Farm weit und breit, direkt am Meer, direkt an der Bucht.

Die Kühe waren auch schon tot. Die litauischen Abdecker der Fleischfabrik hatten sich ihrer angenommen.

Der Mann war wegen dem Jeep gekommen. Die Frau sollte ihn nicht verkaufen können. Niemand sollte sich an den Toten bereichern, niemand den toten Marc bestehlen. Er mußte den Jeep töten.

Es war ein roter Mitsubishi Pajero, Baujahr 1989, second hand aus Japan importiert. Die Armaturenbretter in der Fahrerkabine zierten japanische Schriftzeichen. In Japan fuhr man auch links.

Breitbeinig stellte er sich hinter dem Auto auf. Er stellte die Waffe auf Feuerstoß, zielte, zog ab. Vier Kugeln durchschlugen die Heckklappe des Jeeps, schlugen durch die Sitze, durch die japanischen Schriftzeichen des Armaturenbretts, schlugen in den Sechs-Zylinder-Motorblock ein, blieben stecken. Er hörte den Hall der Schüsse durch die Nacht tragen. Alle Nachbarn hatten ihn gehört. Niemand würde herauskommen und nachsehen, was los war.

Trotzdem wählte der Mann den kleinen überwucherten Pfad durch die Stechginsterbüsche, um zurück zu seinem Wagen zu gelangen Wie im Krieg schlich er sich an ihn heran, prüfte die Umgebung, stellte sicher, daß die Luft rein war. Dann sprang er hinters Steuer und raste in halsbrecherischem Tempo davon.

Daß jemand kommen würde, um den Jeep zu erschießen, wußte Ruthy zu diesem Zeitpunkt noch nicht. Sie würde es auch nie erfahren, denn sie ging zurück in die USA mit dem Schwur, nie wieder einen Fuß in dieses Land zu setzen. Sie hatte auch nie vorgehabt den Jeep zu verkaufen. Rost und Brombeerranken sollten ihn haben.

Es war einige Wochen vor diesem Ereignis. Da saß sie auf der Totenwache in der Küche des Cottage und trank Whiskey aus einem Wasserglas, das jemand ihr gereicht hatte. Ihr Körper, ihre Seele waren taub. Sie, die nie Whiskey getrunken hatte, wollte kein Wasser mehr trinken. Mit Wasser hatte Marc Gracey getötet. Wasser hatte ihr Leben zerstört. Sie wollte kein Wasser mehr trinken. Ihre Zunge war belegt. Sie schmeckte den scharfen Schnaps kaum.

Nur wenige Leute waren zur Totenwache erschienen; Nachbarn meist, niemand aus Marcs Familie. Der Schwimmer und der Immobilienmakler waren gekommen, aber ohne ihre Frauen, ohne ihre Kinder. Diese Totenwache war kein fröhliches Zechen voll Erinnerungen aus den Zeiten, als Leben noch die Körper der Toten durchströmte. Dies war kein Haus der Trauer. Dies war ein Ort des Verbrechens. Niemand berührte sie. Keiner nahm sie in die Arme. Kaum einer sprach mit ihr. Wenn es doch jemand tat, so kamen Floskeln aus seinem Mund. Es gab keine Worte mehr. Es gab keinen Trost. Eine einsame Träne rann ihre Wange herab. Niemand sang. Die Fiedel stand unberührt auf der Küchenbank. Niemand mochte sie spielen.

Ihre Eltern, eingeflogen aus L.A., saßen stumm in den Schatten, auf den Gesichtern der Wir-haben-Dichgewarnt-Ausdruck. Aufgebahrt unter Kerzen stand der Sarg. Gracey trug ein weißes Kleid aus Spitze. Ihr rotes Haar wallte um ihr kleines, dezent geschminktes Gesicht. Sand und Steine waren herausgewaschen worden. Ein Kamm hatte ganze Arbeit geleistet. Ihre Augen waren geschlossen. Zwei Kupfermünzen lagen auf ihren Lidern, damit sie den Fährmann bezahlen konnte.

Marc trug seinen guten Anzug, den er nur zur Messe angezogen hatte. Auch er war dezent geschminkt, auch er trug das Geld für den Fährmann auf den Augen. Gracey lag in seinen Armen. Wären da nicht die Kupfermünzen gewesen, hätte man meinen können, die beiden schliefen. Das Töchterchen schlief in den Armen des Vaters, dem sie immer vertraut, dem sie einmal zu oft vertraut hatte.

Draußen heulte der Sturm. Die Götter waren zornig. Regentropfen peitschten gegen die Fensterscheiben. Es war das Wasser des Zorns. Die Tür öffnete sich und aus dem Regen herein kamen vier Alte gehumpelt, zwei Männer und zwei Frauen aus dem Altersheim in der Stadt, gefolgt von ihrer Fahrerin, einer Nachbarin.

Alle hielten die Blicke gesenkt. Nur einer der Alten, Ambrose, sah ihr geradewegs in die Augen.

„Was hast du getan? Marc war so ein guter Mensch gewesen. Jeden Sonntag kam er zu uns Alten, hat uns vorgelesen, Tee mit uns getrunken, mit uns Karten gespielt, sich mit uns unterhalten. Nie hat er einen Sonntag ausgelassen. Jeder Sonntag war ein Fest gewesen, denn dann kam Marc und kümmerte sich um uns Alte."

Dies sagten ihr Ambroses Augen. Sein Mund sagte: „Unser Beileid."

Die anderen Alten blieben stumm. Aber nun blickten sie auf, und auch in ihren Augen lag Vorwurf.

„Außerdem war er einer von uns“, ergänzten die Augen der anderen Alten. „Und du gehörst nicht zu uns. Du kommst aus Amerika. Du bist eine Fremde. Du hast das Unglück hergetragen.“

Hilfreiche Hände brachten Stühle für die Alten und Whiskey. Bevor sie sich setzten, traten sie an den Sarg.

„Oh seht nur! Der arme, arme kleine Engel. Wie schön sie ist, die Kleine. Was für ein Elend. Was für eine Schande. Gott, steh uns bei.“

Es war Bridgid, die gesprochen hatte, Bridgid, klein und gebrechlich, mit weißem, schütterem Haar. Die Alten und ihre Fahrerin setzten sich und Schweigen, hartes, drückendes Schweigen füllte wieder den Raum. Als er das Schweigen nicht mehr aushielt, stand der alte Ambrose auf und ging zur Bank, nahm sich Fiedel und Bogen. Die gichtigen Greisenfinger griffen in die Saiten. Er setzte den Bogen an. Eine unendlich traurige Melodie füllte das Schweigen um den Sarg mit den zwei Toten darin. Ambrose kam nicht weit. Eine Saite riß mit unmelodiösem Knall. Er stellte die Fiedel zurück auf die Bank.

„Irgendeinen Tod muß man sterben. So oder so“, sagte Ambrose und es war nicht klar, ob er damit die Geige oder Marc und Gracey oder sich selbst meinte.

Die anderen im Raum nickten dazu. Nur Ruthy nickte nicht. Es leuchtete ihr nicht ein.

Die Nacht verging in Stille. Stille und Schweigen, das ab und an von einem gemurmelten Ave Maria unterbrochen wurde. Geruch nach Verwesung waberte durch die Küche.

Das Morgengrauen brachte den Bestatter. Es regnete immer noch. Bevor er den Sarg für immer versiegelte trat Ruthy heran und umarmte ein letztes Mal ihr Kind. Sie weinte. Der Bestatter schloß den Deckel des Sarges. Dabei entrang sich seiner Brust ein tiefer Seufzer. Er, der vom Sterben lebte, ein Profi in Sachen Tod, ächzte in diesem Moment unter der Bürde seines Berufs.

Sie luden den Sarg in den Leichenwagen. Der Bestatter verriegelte die Ladeklappe. Gemessenen Schrittes ging er zur Fahrertür, öffnete sie, setzte sich hinters Steuer, fuhr los, fuhr Schrittempo.

Auch die Trauernden setzten sich in ihre Autos und folgten ihm in einer kleinen Prozession; vorneweg Ruthy mit ihren Eltern in deren silbernem Leihwagen. Marcs Jeep blieb an seinem Platz vor dem Haus, an dem sie ihn an dem Abend der Ermordung ihrer Tochter und des Selbstmordes ihres Manns geparkt hatte.

Als alle in ihre Wägen stiegen, war sie noch einmal zurückgelaufen ins Haus, hatte eine Leere in ihren Armen gespürt und sich Graceys Kuschelschaf aus dem kleinen Gitterbett geholt. Dieses drückte sie nun, weich, flauschig, etwas verwaschen, an ihre Brust. Es roch noch ein wenig nach ihrer Tochter, roch wie Gracey im Leben gerochen hatte, ohne die Unternote von Verwesung, die aus dem Sarg gekrochen kam.

Die Kirche war voll mit Menschen. Der Regen hatte ausgesetzt. Eine dichte Wolkendecke versperrte den Blick auf den Himmel. Die Menge staute sich bis vor die Pforten. Gut fünfhundert mochten gekommen sein. Fünfhundert Menschen, fünfhundert Blicke, die auf ihr lagen; traurige Blicke mit Zorn darin, Zorn, der sich an dem toten Kindsmörder schlecht entladen konnte,

Zorn, der ein neues Ziel sich suchen mußte. Sie drückte das Kuschelschaf enger an ihre Brust und stellte sich den Blicken. Verschämt wurde in den Telefonen die Kamerafunktion eingeschaltet. Verschämt wurde aus Brusthöhe abgedrückt. Der PressePhotograph war da nicht ganz so zimperlich. Ungeniert hielt er ihr sein Objektiv entgegen, drückte auch ab, noch mal und noch mal. Dann zog er sich zurück, bevor Murren durch die Menge gehen konnte. Er kam aus Cork, war einen weiten Weg gekommen für seine Bilder, war Profi, wie der Bestatter. Bei ihm jedoch hielt die Mauer, die er um sein Herz errichtet hatte. Was ging ihn das hier schließlich alles an? Er war nur an Bildern interessiert.

Der Sarg wurde aufgestellt. Sie ertränkten ihn in einem Meer aus Plüschtieren und Blumen. Der Priester las die Predigt. Ruthy hörte seine Worte, aber sie bedeuteten ihr nichts. Wie ein lauer Brausestrahl glitten sie an ihr herab.

„Vielleicht sollten wir nicht hier sein, um die Totenmesse von Marc und Gracey zu zelebrieren. Vielleicht."

Diesen Satz verstand sie. Es war das Ende der Predigt. Aber wieso „vielleicht"? Ganz sicher sollten sie jetzt nicht hier sein. Ganz sicher würde sie viel lieber in diesem Augenblick mit Gracey in ihrer Küche Plätzchen backen, Unsinn mit ihr reden und dabei dem Rauschen der Brandung zuhören.

Sie stand auf, schritt vor den Sarg, strich mit sanfter Hand einmal seine ganze Länge entlang, trat nach kurzem Verweilen vor die Kanzel und sang den Psalm 23 „Der Herr ist mein Hirte, mir wird nichts mangeln...", sang mit brüchiger Stimme Wort für Wort, was für sie eine einzige große Lüge darstellte. Sie hatte einen Hirten geliebt, einen Rinderhirten. Es war keine gute Liebe gewesen. Als Ruthy endete, herrschte Stille. Dann brach sie zusammen.

Als die Messe vorbei war, trugen sechs starke Männer den Sarg hinaus auf den Gottesacker. Unterschiedlich groß waren die Männer. Die kleinsten gingen voran, gefolgt von den mittelgroßen, gefolgt von den längsten. Deshalb balancierte der Sarg in Schieflage auf ihren Schultern. Marcs toter Kopf mußte das Gewicht seines und des Mädchens Körpers aushalten. Marc war kein schwerer Mann, war immer sehnig und schlank gewesen, ohne ein Gramm Fett, Gracey immer leicht wie eine Feder gewesen. Trotzdem lastete der Sarg schwer auf den Schultern der unterschiedlich großen Männer, schwer, als wäre er mit Feldsteinen gefüllt.

Ruthy, von den Eltern an beiden Seiten gestützt, schritt zuvorderst hintendrein, gemessenen Schrittes gefolgt von der Menge. Dort war sie, die Grube. Die Bänder zum Herablassen des Sarges lagen schon bereit. Der schlimmste Moment war, als sie den Sarg ins Grab senkten, als die beiden Toten verschwanden vom Antlitz der Erde. Der Priester spritzte segnend Weihwasser hinab. Asche zu Asche. Staub zu Staub.

Immer noch von den Eltern gestützt, überstand Ruthy die Umarmungen, das Beileid. Es dauerte lange. Jeder warf eine Handvoll Rosenblüten, eine kleine Schaufel Erde auf den Deckel des Sarges. Ruthy stand noch eine Weile mit ihren Eltern allein am Rande des offenen Grabes. In gebührendem Abstand wartete der Bestatter mit seinem Gehilfen, einem jungen Burschen und den Schaufeln, großen diesmal. Wieder weinte Ruthy.

Sie gingen davon. Die Menge der Trauergäste hatte sich zerteilt. Einige mochten noch nicht lassen vom Friedhof und standen in Grüppchen herum. Ruthy ging mit ihren Eltern an ihnen vorbei. Da hörte sie es, das Tuscheln, hörte ihn durch den Nebel ihres Schmerzes hindurch, den Satz, hörte ihn hinauskriechen aus dem Mund einer Frau, die sie gar nicht kannte:

„Wie schlimm muß sie sein, daß sie ihn zu so etwas treiben konnte."

Geschichten aus aller Welt

Die Wasserschlange

Es ist bereits Mittag, als die drei Männer die kurze Anhöhe hinaufgehen. Sie folgen einem kleinen Pfad, der sie unter Guaven- und Orangenbäumen hindurch zu dem Wohnhaus des Ranchos führt. Das Haus ist im althergebrachten Stil aus dicken Bohlen edler Hölzer roh gezimmert und sein Hauptdach mit Palmwedeln eingedeckt. Das Rancho war vor einigen Jahren verkauft worden. Sein neuer Besitzer, ein in Berlin lebender Schwuler namens Juan, hat in das Haus einen Betonestrich eingezogen, der den traditionellen Lehmboden ersetzte. Den Estrichboden erweiterte er an allen vier Außenseiten hin zu einer Terrasse. Diese Terrasse war mit Wellblech überdeckt, welches auf schönen Balken ruhend sich an die Palmwedel des Hauptdaches anschloß. Juan, der wie viele Schwule einen ausgezeichneten Geschmack besaß, war es so gelungen, auf sehr reizvolle Art Tropentradition mit Tropenmoderne zu verbinden.

Das Kanu ruht, auf den Bauch gedreht, in einem Nebengebäude auf zwei Holzböcken. Es ist leuchtend grün angestrichen und trägt mit goldener Schrift den Namen DOLLY BUSTER auf den Bug gepinselt. Der Name Dolly Buster beinhaltet einen albernen Doppelsinn, den wohl nur sein Erfinder Elvis wirklich versteht. Einerseits ist es der Künstlername einer tschechischen Hardcore-Pornodarstellerin mit gigantischen Silikontitten, andererseits sind Dollies, besser gesagt Dolly Vardens (*Salvelinus malma*) eine Art Lachs, die Elvis mit Hilfe der Angel und eben jenes Kanus in den

Flüssen des pazifischen Nordamerika „gebustet" hatte. Wenn er in Mexiko auf den Namen seines Kanus angesprochen wird, beschränkt er sich in seinen Erklärungen auf die Nennung der Pornoqueen und hält sich dabei die ausgebreiteten Hände vor die eigene Brust, damit der Fragende das Ausmaß der Silikontitten erahnen kann.

Das Nebengebäude mit dem Kanu ist eine Art Rohbau, der zwar schon ein mit Mönch-und-Nonne-Ziegeln gedecktes Dach vorweisen kann, aber keine Wände hat und wahrscheinlich auch nie welche besitzen wird. Es ist mit anderen Worten der ideale Ort um in der Hängematte liegend die Hitze des Tages zu überstehen. Die drei Männer drehen das Kanu auf den nicht vorhandenen Kiel und begutachten es prüfend. Es ist in tadellosem Zustand. Elvis hat es vor einer Weile in British Columbia von seiner Freundin Peggy geschenkt bekommen. Die war zwar gar nicht Eigentümerin des Kanus gewesen, aber der eigentliche Besitzer hatte ihr noch hundert Dollar aus einem vermasselten Drogendeal geschuldet und sie war der Meinung gewesen, der Kerl würde sowieso nie wieder auftauchen um seinen Besitz einzufordern. Also gab sie es Elvis, der mit ihr ab und zu die Mutter seines Kindes betrog und von Peggy liebevoll ihren „fuck-buddy" genannt wurde, wenn sie allein waren.

Als er es bekommen hatte, war es nur eine unansehnliche, braune Hülle aus Glasfiber gewesen. Elvis hat viel Zeit und Mühe investiert, um es wieder flottzukriegen. Zuerst einmal hatte er sich bei einem Schreiner ein fein gehobeltes Mahagonibrett gekauft. Der Mann war durch einen glücklichen Zufall Experte in Sachen

Kanu-Bau, hatte ihn mit den nötigen Tipps versehen können und ihm auf seiner Tischkreissäge das Brett in passende Latten aufgesägt. Daraus hatte Elvis die Seitenversteifungen für die Reling und drei Sitze gefertigt. Die Sitze hatte er anschließend mit Streifen ungegerbter Kuhhaut bespannt. Eines Tages hatte Elvis dann das Kanu auf dem Dach eines Campers befestigt, der seinerseits auf der Ladeflache eines Ford Pick-up 250f King Cab, Baujahr 1979, saß und es zusammen mit seiner wieder schwangeren Freundin und ihrem zweijährigen Sohn von B. C., Kanada, nach dem Estado de Oaxaca, Mexiko, transportiert.

José-Louis ist ein großer Mestize mit einem ordentlichen Schuß afrikanischen Bluts, der Zwillingsbruder des schwulen Juan. Er ist im Gegensatz zu Juan nicht schwul, jedenfalls nicht so sehr, denn er hat eine Ehefrau und vier bildhübsche Töchter, die ihm eine Menge Kopfzerbrechen bereiten. Er besitzt einige Hektar Land, auf denen er Zuckerrohr kultiviert und lebt in einem merkwürdigen Spagat. Einerseits nämlich ist er ein großer Liebhaber geschriebener Worte über die Ideale der Revolution, verehrt B. Traven und kauft regelmäßig eines der zwei Exemplare der linksrevolutionären *La Jornada*, mit denen der Zeitungsladen seines Heimatstädtchen Acatlan beliefert wird. Andererseits beutet er, damit sein Zuckerrohr gedeiht, landlose Männer auf seinen Pflanzungen aus, indem er sie für ihre Schufterei mit dem landesüblichen Hungerlohn bezahlt. Immerhin ist ihm dieses Paradox bewußt. Wer seinen klapprigen VW-Käfer kennt, in dem er unermüdlich seinen Geschäften nachgeht, damit die Töchter eine Ausbildung erhalten und einmal die Woche Fleisch auf den Tisch kommt, der weiß, daß er kein Kapitalist im klassischen Sinn ist, sondern vielmehr ein Gefangener im System Rohrzucker, jener süßen Vorhölle aus moderner Sklaverei, Kunstdünger, Insektengift und Urwaldabholzung.

Der dritte im Bunde, Napoleon, ist ein Mann, der der deutschen Tristesse dadurch zu entfliehen suchte, daß er eine Mexikanerin ehelichte und Mexiko zu seiner neuen Heimat machte. Seither fristet er sein Dasein in den Abgasschwaden von Mexico City. In Berlin hat er mit Elvis zusammen die besten Jahre seiner Jugend damit verbracht, eine nicht enden wollende Party zu feiern: Hausbesetzungen, Haschisch, Demos, Koks, Punkkonzerte, Bier, Schnaps, Speed, Sex mit wechselnden Partnerinnen, LSD und so weiter.

Elvis war in Berlin lange Zeit einer gewesen, der dem Staat im Straßenkampf Paroli bot. Glaser bekamen dank ihm eine Menge lohnender Aufträge, vor allem, wenn die Filialen von Banken und Versicherungsbüros zu ihrer Kundschaft gehörten. Er war Spezialist im Bau von Benzinbomben, konnte einen Pflasterstein über dreißig Meter weit werfen und treffsicher mit der Zwille umgehen. Eines Tages aber fand der für sich heraus, daß jede Art von Krieg generell scheiße ist. Er kannte die Brüder und Schwestern in den grünen Uniformen, die er regelmäßig mit Stahlkugeln und Molotow Cocktails malträtierte, ja gar nicht. Vielleicht waren das privat ja total nette Menschen! Eines Tages also hatte er das Kriegsspielen an den Nagel gehängt und war zum pazifistischen Familienvater mutiert. Da spielte es auch keine Rolle, daß er nie daran gezweifelt hatte, auf der richtigen Seite der Barrikade zu stehen. Außerdem mußte er feststellen, daß er mit zunehmendem Alter und der Verantwortung für seinen Sohn einfach zu feige für diese Art von Zeitvertreib geworden war. Man hatte ihn nie geschnappt und ihm war klar, daß das Glück ein Ding ist, das durchaus überreizt werden kann.

Napoleon hat ein weitaus weniger gewalttätiges Naturell. Er ist mehr ein Fall für die Spaßguerilla. Als Meister der Organisationskunst, verstand er es in seiner Berliner Zeit stets, seine verrückten Ideen auch in die Tat umzusetzen. Die Leute ließen sich vor seinen Karren spannen, weil er echtes Charisma Besaß und außerdem so ein lustiger kleiner Clown war, dem man einfach keinen Wunsch abschlagen konnte. Elvis würde nie den spontanen Gaukler-Karneval mit Stelzengängern, Einradfahrern und Jongleuren in einer bunthaarigen Meute vergessen. Das genervte Hupen der aufgestauten Autofahrer lieferte die Begleitmusik. Auf dem Höhepunkt der Spontandemo war Napoleon mit einer Haßkappe über dem Gesicht wie eine vermummte Frau Holle auf einem Balkon der Torstraße erschienen und hatte aus aufgeschlitzten Federbetten Daunen auf die Menge geschüttelt. Danach war alles weiß gewesen: die Scherzaktivisten, der gestaute Verkehr und die ratlosen Bullen, die nicht wussten, ob sie lachen oder weinen sollten. Ein anderes Mal war es autonome Schnitzeljagd durch Berlin Mitte mit Streckenposten und allem Pipapo, zu deren Bestandteil es gehörte, daß ein Haufen Punker in Vierergrüppchen den letzten verbliebenen Paternoster Berlins benutzte, um bei dem Leiter der Stadtverwaltung-Mitte am Alexanderplatz vorzusprechen. Napoleon hatte sich irgendeine schwachsinnige

Frage ausgedacht, die jeder ihm stellen mußte, und die nur er beantworten konnte. Der Mann hatte es mit Fassung getragen.

Das Rancho *El Paraiso* liegt sehr hübsch an den Gestaden des Rio Petlapa, eines Flüßchens, das mit vielen Stromschnellen und klarem kalten Wasser von den Hängen der Sierra Madre Oriental herabgeflossen kommt. Ein Saum alter Urwaldgiganten folgt seinem Lauf. Zwischen den Stromschnellen bildet der Petlapa eine Vielzahl großer Becken von einigen Metern Tiefe, die zu bestimmten Jahreszeiten sehr fischreich sein können. Er ist ein Grenzfluß. *El Paraiso* liegt auf der Seite des Staates Puebla, während auf der anderen Seite bereits Oaxaca beginnt. Die Menschen im Tal des Petlapa gehören zum Volk der Mazateken. Bei ihnen hat Elvis gelernt, wie man aus einem Stock, einem dicken Draht und einem Zwillengummi eine Harpune bastelt. Gemeinsam mit den indigenen Freunden ist er in das kalte Wasser des Flusses getaucht und hat *Mojaras* gestochen, jene wohlschmeckenden Buntbarsche, die man am besten in Maisöl frittiert. Elvis lernt die Mazateken als sehr freundliche Menschen kennen, von kleinem Wuchs und stolzer Natur. Ihr Volk gelangte durch den Kult um *Psylocybe cubensis*, einem Pilz aus der Familie der *Strophariaceae* mit psychedelischer Wirkung, zu einiger Bekanntheit. Die mazatekische Schamanin Maria Sabina wurde in den siebziger Jahren des letzten Jahrhunderts so etwas wie ein weiblicher Timothy Leary aus der Steinzeit, zu der die Hippies aus aller Welt gepilgert kamen, um in die Mysterien des Pilzkultes eingeweiht zu werden.

El Paraiso liegt auf den ersten Blick verlassen da. Ein paar schläfrige Hunde begrüßen die Ankömmlinge mit schlaffem Schwanzgewedel. Eine der bunten Hängematten, die unter dem Wellblechdach an Balken hängen, gerät in Bewegung. Antonio schält sich heraus, die Finger zittrig, in den Augen der graue Star. Er ist schon über achtzig und bezieht ein bescheidenes Salär von Juan, damit er ein Auge auf das Rancho hält.

„Antonio, zeig mir den Revolver!"

Er präsentiert Elvis den Revolver. Kal. 38 *especial.* Elvis hat ihm den geliehen. Die Waffe ist sauber und gut geölt. Als Elvis sie das letzte Mal in den Händen hielt, war sie zu seiner Empörung von dem alten Mann mit Maisöl geölt worden. Das Harz in dem Speiseöl hatte den Revolver vollkommen unbrauchbar gemacht. Seitdem war einige Zeit vergangen. José-Louis hat Antonio ein Fläschchen Nähmaschinenöl aus der Stadt mitgebracht. Damit hat er den Revolver gereinigt, und jetzt sah er fast aus wie neu.

Elvis nimmt die Patronen heraus und zieht ein paar Mal den Abzug. Trockenes Klicken. Mit anerkennender Miene gibt er die Waffe zurück in die Hände des betagten Wächters. Für einen kurzen Moment nimmt das Gesicht des sanften Greises den Ausdruck eines verwegenen *Pistoleros* an. Elvis sieht das längst verloschen geglaubte Feuer der Jugend in seinen trüben Augen auflodern und fragt sich, ob Antonio im Ernstfall nach Gehör zielen würde. Die Mittagshitze legt sich wie Blei auf die Glieder der Männer. José-Louis fragt den Alten, ob sie bei ihm zu Hause etwas zu essen bekommen können. Können sie. Antonio führt wie eigentlich jeder Mexikaner ein gastfreies Haus. Zu Fuß machen sie sich auf den Weg. Schweigend legen sie die zehn Minuten Straße zurück, begleitet vom Murmeln des Rio Petlapa und dem Rufen der Tukane zu ihren Häuptern. Sie kommen an den beiden großen Mandarinenbaumen vorbei. Diese stehen in voller Blüte und sehen großartig aus. Unwillkürlich muß Elvis an die köstliche Limonade denken, die seine Freundin mit viel Zucker aus dem Saft der aromatischen, aber sauren Früchten bereitet hatte, als der schwule Juan sie für einige Monate auf dem Rancho hatte Rancheros spielen lassen.

In Antonios Haus werden sie von Mago und Claudia begrüßt. Die beiden unverheirateten Töchter stehen inmitten ihrer Kinderschar und gehen ihrer Lieblingsbeschäftigung nach: Bohnen kochen und Tortillas backen. Ihr Lächeln ist geziemend verhalten, ihr Händedruck leicht wie eine Feder. Claudia, scheu wie ein Reh, hat Züge die an die spanischen Vorfahren des Vaters gemahnen. Mago kommt mehr nach ihrer indigenen Mutter. Sie hat ein lustiges Lachen, ist von ihrer Persönlichkeit her derber gestrickt als ihre Schwester und die Wortführerin der beiden.

Der Rauch des Küchenfeuers kräuselt sich unter dem palmwedelgedeckten Dach. Claudia hackt für die Chilisoße grünen Koriander klein – *cilantro*. Der betäubende Duft des Krautes mischt sich auf angenehme Weise mit dem Geruch der brennenden Holzscheite. Die Feuerstelle besteht nach landesüblicher Art aus einer mit Sand gefüllten Kiste, die tischhoch auf vier Beinen in der Mitte des einzigen Raumes steht. Mago legt den *comal* über die Flammen, eine runde Scheibe aus Ton. Geübt klopft sie zwischen ihren Handballen die Maisfladen platt und legt zum Backen auf den heißen Ton. Derweil brät Claudia Rühreier *a la ranchera* und rührt mit einem Holzlöffel in den schwarzen Bohnen herum, die in einem ebenfalls irdenen Topf vor sich hin köcheln.

Ein leise plätscherndes Gespräch entspannt sich zwischen den beiden Frauen und ihren Gästen. Sie sprechen aber die Hitze, José-Louis' Zuckerrohr, die Kuh, die sich ein Bein gebrochen hat, aber nicht geschlachtet werden konnte wegen des Kalbes, das von ihrer Milch abhängt. Die Männer sitzen am aus rohen Planken gezimmerten Tisch. Als aufgetragen wird, verstummt das Gespräch. Ehrfürchtig genießen sie das einfache Mahl. Wenn Elvis in Antonios Haus ißt, kommt er nicht umhin mit einem leisen Anflug von schlechtem Gewissen zu kämpfen. Mago, Claudia, ihre Töchter und der Alte sind so unglaublich mager, daß man jeden Augenblick damit rechnen muß, sie vor Hunger tot umfallen zu sehen. Der einzige in der Familie, der einen einigermaßen wohlgenährten Eindruck macht, ist Juanito, Magos zehnjähriger Sohn. Der Hoffnungsträger. Noch scheint er nicht viel von dieser Last auf seinen Schultern zu verspüren. Aber wenn er einmal erwachsen ist, wird er es sein, der die Familie zu ernähren hat. Es scheint als sparten sich die Frauen jeden Bissen vom Munde ab, damit der kleine Kerl einmal die Kraft dazu haben wird, wenn es soweit ist. Am meisten berührt Elvis die Magerkeit von Claudias schöner Tochter Dalia. Über den Dorfklatsch ist er darüber informiert, daß ihr Vater der Dorfkrämer Gregorio ist, jener unglaublich dicke Fettklops. In Naranjastitla beutet beutet er mit exorbitanten Preisen die mazatekische Kundschaft aus bis aufs Blut. Er kontrolliert den Handel mit Kaffeebohnen, dem einzigen Cash Crop und besitzt den einzigen LKW im Dorf, genau wie das einzige Telefon. Der Fettsack schwelgt in Luxus und hat für das Produkt seiner Seitensprünge nicht einen müden Peso übrig.

Lemontitla bedeutet so viel wie kleines Zitrönchen. Der Name ist eine Symbiose aus dem spanischen Wort *lemon* und dem Nahuatl-Anhängsel *-titla*, was generell eine Verniedlichung bedeutet, wie im Deutschen das *-chen* oder das *-lein*. Lemontitla ist also ein Worthybrid aus den Sprachen der Azteken und der Spanier, symbolhaft für die alte und die neue Fremdherrschaft über die Mazatekengemeinschaft. Mit beiden Sprachen hat Mazatek nicht viel gemeinsam. In Lemontitla sprechen und verstehen die Alten Spanisch überhaupt nicht und Nahuatl nur sehr wenig.

Nach dem Essen trinken sie einen *cafésito*, den Claudia selber geröstet hat und in einem sockenförmigen Stoffilter abseiht. Die drei Männer bedanken sich und hinterlassen als Dankeschön ein kleines Geldgeschenk. Zurück auf *El Paraiso* treffen sie den Besitzer des einzigen Pick Ups von Lemontitla. Er sitzt im Schatten und hat sich die Wartezeit mit Mango-Essen vertrieben. Gemeinsam laden sie das Kanu auf, zurren es mit einem Strick fest und fahren ein gutes Stück auf der ungepflasterten, holprigen und staubigen Straße flußabwärts. So sparen sie sich eine ganze Reihe von Stromschnellen. Vor ein paar Wochen haben Elvis und José-Louis probiert, sie mit dem Kanu zu bewältigen. Bei dem Versuch kenterte das Kanu mitsamt der schwangeren Freundin von Elvis, die sie als kostbare Fracht mit an Bord hatten. In schäumender Gischt spülte der Fluß sie über rundgewaschene Felsen hinab in ruhigere Wasser. Was die werdende Mutter, die sich mit ein paar Schwimmzügen ans Ufer rettete, vollkommen cool ließ, jagte dem werdenden Vater einen gehörigen Schrecken ein. Sie hätten das ungeborene Kind verlieren, sich die Schädel an den Felsen einschlagen, oder sich alle Knochen brechen können. Es war bei blauen Flecken geblieben. Seit diesem Ereignis hat er höllischen Respekt vor Stromschnellen jeglicher Art.

An einem bestimmten Punkt biegt die *camionetta* in einen Feldweg ein. Sie durchqueren einer großen Weideflache mit grasenden Zebus und gelangen ans Wasser. Der Fahrer der Camionetta zündet sich eine Zigarette an und sieht ihnen dabei zu, wie sie das Kanu und ihre Ausrüstung abladen. Darunter befindet sich neben einem Zelt, einigen Decken und ein paar Lebensmitteln, die sie auf dem Markt von Cosalappa eingekauft haben, auch José-Louis' Gewehr; eine Winchester Mod. '64, Kaliber .22, nebst einer Schachtel Patronen. Die Winchester Mod. '64 lädt man, indem man das Stabmagazin hinten aus dem Kolben herauszieht. Seitlich am Schaft befindet sich eine Öffnung, durch die man bis zu neun Patronen schieben kann. Am Ende schiebt man das Stabmagazin wieder in den Schaft und dreht es mit einer Schraubbewegung fest. Auf dem Weg zurück hat es die Patronen aufgenommen. Zum Durchladen drückt man auf einen Knopf unterhalb des Laufes. Die Schußabgabe erfolgt halbautomatisch.

„Adios. Que te vayas bien“

„Que se vayan con el diablo.“

Der Fahrer lacht und tritt die Zigarette aus. José-Louis drückt ihm fünfzig Pesos in die Hand. Der Fahrer wendet seine *camionetta* und rumpelt von dannen. Als sie das Kanu fertig beladen haben, setzen sie sich hinein und stoßen sich vom Ufer ab. Der schmächtige Napoleon sitzt vorne und José-Louis in der Mitte. Elvis übernimmt im Heck das Steuern. Sie haben sich kaum abgestoßen, als die Strömung sie packt und hinter einer Biegung eine brutale Stromschnelle hinabdonnert. Mit vereinter Kraft schaffen sie es, das Kanu vorm Kentern zu bewahren, können aber nicht verhindern, daß der Rumpf mit voller Wucht, hart auf einen Felsbrocken schlägt. In ihren Kehlen kocht Adrenalin. Auf der nächsten Kiesbank landen sie wieder und unterziehen den Rumpf einer eingehenden Prüfung. – Er hat standgehalten. Napoleon kramt die Tüte mit dem *mota* aus der Tasche und rollt einen Joint. Sie strecken sich auf dem Kies aus, kiffen, blinzeln in die Sonne, lassen sich von orangen Schmetterlingen umflattern. Sie sind kaum fünfzig Meter weit gekommen. Über ihren Köpfen, in lichter Höhe, kreisen Truthahngeier.

Zugedröhnt raffen sie sich auf und fahren weiter. Der Fluß mäandert friedlich unter hohem Böschungsbewuchs dahin. Das Schattenspiel der Nachmittagssonne in den Blättern der märchenhaft gewachsenen Tropenbäume verbreitet eine Kathedralenstimmung. Kolibris flitzen und blitzen durch die Luft und trinken Nektar aus bunten Schlingpflanzenblüten. Das Wasser des Petlapa ist sauber und klar. Sie sehen Fische über dem Grund auf Beute lauern. Bedächtig tauchen sie ihre Paddel ein und überlassen es in der Hauptsache der Strömung, sie vorwärts zu bringen.

Unvermittelt erreichen sie die Wasser des Stausees. Eine breite Linie aus Ästen, Laub und vereinzeltem

Plastikmüll kennzeichnet die Stelle, an der die Strömung abrupt aussetzt. Sicherlich ist dies eine ausgezeichnete Stelle zum Fischen. Elvis hat Haken, Blei und Angelsehne mitgenommen, aber es mangelt ihnen an Köder. Staunend paddeln sie weiter, hinein in die ölig stillen Fluten der *Laguna.* So nennen die Einheimischen die *Presa Miguel Aleman,* vor dessen Flutung Mexikos Armee zehntausende Mazateken umsiedelte und sie weg aus ihren Dschungeldörfern brachte nach einer Gegend in der Nähe von Vera Cruz, wo sie brav Heimat, Sprache und Kultur vergessen sollten.

Das Land öffnet sich. Was der Stausee von der Welt der Bäume übrig gelassen hat, ist hier in einer sanften Hügellandschaft der Viehzucht zum Opfer gefallen. Die Mündung, an der der Petlapa den Rio Tonto speist, ist ein Ort von bescheidener Dramatik. Zwar erreicht der Tonto hinter dieser Einmündung eine gehörige Breite, aber er ist ein Fluß, der nicht fließt, ein Flußlauf, dessen Wasser bereits Form und Gestalt des Stauseewassers haben. Rio Tonto bedeutet dummer, tölpelhafter Fluß.

Trotz der gewaltigen Veränderungen, die diese Landschaft in den letzten Jahrzehnten hat hinnehmen müssen, konnte sie ein kleines Stück ihrer magischen Schönheit bewahren. Im Licht der sinkenden Sonne genießen die Sinne der drei Reisenden den nahenden Abend mit seinen langen Schatten, seinen Wohlgerüchen, seinen Vogelstimmen. Stetig tauchen sie ihre Paddel ein und machten gute Fahrt. Allmählich bekommen sie wieder Hunger und ihre Gedanken wandern zu den Fischen, über die sie hinweggleiten. In einiger Entfernung machen sie auf der anderen Flußseite eine *lancha* aus, die zwei Männer befördert. Eine *lancha* ist in dieser Weltengegend ein stabiles Boot aus Fiberglas, das in der Regel von einem Außenbordmotor angetrieben wird. Eine der beiden Männer halt eine lange Stange in den Händen und bewegt das Boot stakend vorwärts. Es wirkt als hätten sich zwei absurde venezianische *gondolieri* in den abgeholzten Dschungel verirrt. In Wahrheit wollen sie Benzin sparen. Der Mann im Bug des Bootes und sieht gelassen aufs Wasser Mit ihrem flinken Fahrzeug und ihren drei Paddeln holen sie schnell auf und sind die drei bald auf einer Höhe mit ihnen.

Elvis ruft die *lancha* an: „Guten Abend! Wo kann man hier fischen?"

Auf den ersten Blick ist das eine ziemlich blöde Frage, weil man selbstverständlich überall fischen kann, wo Wasser ist. Doch wer etwas vom Fischfang versteht, der weiß, daß es in einem Gewässer immer gewisse Stellen gibt, die die Fische, und damit auch die Fischer, bevorzugen.

„Wollt ihr fischen? Womit wollt ihr denn fischen?"

„Mit dem Haken. Uns fehlt nur noch ein Wurm."

„Ich weiß zwar eine Stelle, an der es Fische gibt. Aber ich weiß nicht, ob ihr dort Würmer finden werdet."

„Zeig uns die Stelle!"

Der Mann zögert. Überhaupt hatte die Art, in der er seine Antworten über den Fluss rief etwas Überspanntes, so daß in den Köpfen der drei Kanufahrer die Annahme keimte, sie hätten es mit einem *loco*, einem Verrückten zu tun.

„Dort hinten mündet ein Bach in den Fluß. Dort wollen wir hin!", sagte Elvis.

Das Wasser des Baches war durch den Stausee vereinnahmt worden. Er hatte zu fließen aufgehört und sich in eine Art kleinen Seitenarm verwandelt. Sie bogen in ihn ein und landeten. Der Loco folgte ihnen. Geschickt stakte er die *lancha* ans Ufer. Die Männer begrüßten sich per Handschlag und stellten sich vor. Nach der Machart ihres Gefährtes befragt, erklärt José-Louis stolz, daß die nordamerikanischen Indianer diesen Bootstyp erfunden haben. Das Kanu ist in diesem Teil der Welt vollkommen unbekannt. Vor allem seine Leichtigkeit, die erlaubt, daß ein starker Mann es im Alleingang auf seinen Schultern transportieren konnte, verblüfft die Mexikaner. Elvis besieht sich den *loco* genauer.

Er erinnert ihn in seinem Aussehen und seiner Art so sehr an seinen kanadischen Freund und Angelkumpel Jim, daß er meint, einen Doppelgänger vor sich zu haben. Jim, ein großartiger Jäger und Fischer ist nämlich auch nicht ganz richtig im Oberstübchen.

Elvis hat schon einmal den Doppelgänger eines Freundes vor sich gehabt. Man faßt zu einem Doppelgänger, der ja in Wirklichkeit ein Fremder ist, automatisch ein tiefes Zutrauen, weil man ständig der Illusion aufsitzt, seinen Bekannten vor sich zu haben.

Bei dem ersten Doppelgänger, dessen Bekanntschaft Elvis machte, handelte es sich um das exakte Abziehbildchen seines damaligen besten Freundes, dem mittlerweile an einer Überdosis Heroin gestorbenen Markus. Er traf diesen Mann 1994 auf dem Rainbow-Festival in der irischen Grafschaft Tullamore. Zwischen lauter Hippies saß er ihm im Nieselregen am Lagerfeuer gegenüber. Nicht nur, daß er mit seinem schwarzroten Ringelpullover, schwarzer Bomberjacke, Jeans und „Doc Martin's" Stiefeln genau wie Markus gekleidet war. Er hatte auch dieselbe schmale Statur, dieselben blonden Locken und äußerst ähnliche Gesichtszüge. Er stammte aus Schottland. Sein Name war Marc!

Das mexikanische Ebenbild des Kanadiers Jim holt einen großen Sack Hühnermist aus der *lancha* und wirft das Zeug mit vollen Händen an verschiedenen Stellen ins Wasser. Eine ganze Reihe verschiedener Fischarten aus der Familie der Buntbarsche, die von den Einheimischen unterschiedslos *mojaras* genannt werden, laben sich mit Vorliebe die Mikroorganismen, die sich auf der Hühnerscheiße befinden. Napoleon, der sich einmal mit Aquakultur beschäftigt hat, klärt Elvis auf, daß es in Mexiko Zuchtteiche für *mojaras* gibt, die mit einer Hühnerzucht kombiniert werden. Dabei werden die Hühner auf Maschendraht direkt über dem Wasser gehalten, damit ihr Kot die Fische nährt. Elvis findet einmal mehr, daß er in einer Welt der Wunder lebt.

Während sie darauf warten, daß die Fische den Köder annehmen, nutzen die fünf Männer ein Schwätzchen, um sich miteinander bekannt zu machen. Es zeigt sich, daß der *loco* Vorarbeiter auf einem nahe gelegenen Rancho ist, welches einem reichen Mann aus Mexiko D.F. gehört. Es ist nur eines von insgesamt vierzehn, die allesamt diesem Herrn gehören und zusammen eine Fläche von mehreren tausend Hektar ausmachen. Der *patron* kommt einmal im Jahr in einem Helikopter vorbei geflogen, um nach dem Rechten zu sehen. Die Begleitung des *loco* ist fast noch ein Junge. Er hat

Frisch den Beruf des Landwirtschaftsingenieurs erlernt, kommt frisch von der Hochschule und ist vom Großgrundbesitzer hierher in die Einsamkeit geschickt worden, damit er praktische Erfahrungen sammeln könne. Der Junge ist von einnehmenden Wesen und hat feine Umgangsformen. Er zeigt sich sehr freundlich und stammt offensichtlich aus gutem Hause. Trotz seiner Jugend und Unerfahrenheit ist er als Ingenieur gesellschaftlich höher gestellt als der *loco* und wird von diesem vor den Fremden mit dem allergrößten Respekt behandelt.

Das *zacate* rund um den Altarm läd zum Hinsetzen ein. Trotzdem ziehen es die Manner vor, lediglich in die Hocke zu gehen, während sie auf die Fische zu warten. Aus Erfahrung klug geworden wissen sie, daß das Gras voller *pinolillos* steckt. Diese winzig kleinen, mit dem bloßen Auge kaum erkennbaren Zecken, die sich zu Hunderten auf ihr Opfer stürzen können und unangenehme Stiche verursachen lassen sich nur sehr schwierig wieder von der Haut entfernen. Bald schon läßt sich an den Stellen, an denen der *loco* die Hühnerkacke ins Wasser geworfen hat, Bewegung feststellen. Der *loco* wirft mit gekonntem Schwung die *ataraya* aus und fängt im Laufe der nächsten halben Stunde wohl um die sieben Kilo schönster Barsche. In Elvis‘ Brust macht sich Fangneid breit.

„Lass mich auch mal.“

„Nein. Ich leihe mein Netz nicht her.“

„Wovor hast du Angst? So ein Wurfnetz kriegt man nicht so schnell kaputt.“

Der Jüngling lächelt.

„Gib es ihm!“

Ein *atarya* zu werfen will geübt sein. Zuerst einmal wird es drei Mal gerafft. Dann nimmt man eines der Wurfbleie in den Mund, verdreht den Oberkörper in einem Halbkreis und gibt dem Ding ordentlich Schwung, damit es sich öffnet. Elvis verpatzt den Wurf. Das Netz landet mehr schlecht als recht auf der Seite und öffnet sich nur halb. Der *loco* fordert sein Fanggerät zurück, ohne ihm eine zweite Chance zu gewahren.

Über dem Fischen ist die Sonne untergegangen und die kurze tropische Dämmerung, die sich so erstaunlich schnell in finsterste Nacht wandelt, setzt ein. Mit vor Stolz geschwellter Brust läd der *loco* seinen Fang in die *lancha.* José-Louis tritt in seiner sympathisch unverfrorenen Art an ihn heran und bittet ihn, sie auf einen gebratenen Fisch einzuladen.

„Wir sind sehr hungrig. Außerdem suchen wir eine Stelle, an der wir das Zelt aufschlagen können. Am liebsten auf dem Rancho."

Der *loco* ist über dieses Ansinnen alles andere als erfreut und lehnt es rundheraus ab, mit der Begründung, er dürfe keine Fremden auf das Land seines Herrn bringen. José-Louis, der als Sprößling wohlhanbenden und einflußreichen Familie nicht gerade unter falscher Bescheidenheit leidet, insistiert mit einer Beharrlichkeit, die Elvis und Napoleon fast schon peinlich ist. Jedoch, sie fahren ihm nicht ins Wort, sondern machen nur gequälte Gesichter, denn auch sie lockt die Aussicht auf gebratene *mojaras* durchaus. Es gibt in diesem Augenblick in ihrer Vorstellung kaum etwas Köstlicheres. Am Ende ist es der wieder der jugendliche Ingenieur, der die Sache entscheidet, indem er sich auf die Seite der drei Abenteurer schlägt. In seiner höflichen, jugendlichen Art spricht er sehr bestimmt zu dem *loco*. Den Unterarm auf die Reling der *lancha* gestützt, sagt er:

„Bitte. Mir scheint, diese drei *caballeros* sterben vor Hunger. Ich glaube, es ist besser, wir laden sie zum Essen ein."

Widerwillig gibt der Verrückte klein bei, macht die Leinen los und steigt in sein Boot. Elvis fragt, wo denn das Rancho sei.

„Um es zu finden, müßt ihr mir folgen."

Damit läßt er den Außenborder an und braust davon. Im beginnenden Halbdunkel kann Elvis gerade noch sein hämisches Grinsen erkennen. Über seine Bugwelle schaukelnd gleiten sie in ihrem Kanu hinter der *lancha* her aus dem Altarm heraus. Sie legen sich mächtig ins Zeug, um nicht den Blickkontakt zu ihr zu verlieren. Zum Glück ist sie weiß, so daß die drei in weiter Ferne gerade noch den Punkt ausmachen können, an dem sie anlegt. Als sie ihn erreichen, ist bereits die stockfinstere Nacht eingebrochen. Ihr Kommen hat sich indes herumgesprochen, und sie werden erwartet. Jemand leuchtet mit einer Stallaterne. Die Bewohner des Ranchos haben sich am Ufer versammelt und begrüßen sie freundlich. Drei Abenteurer in einem Kanu waren eine kleine Sensation in ihrem an Abwechslung armen Dasein. Sie helfen ihnen das Boot zu entladen und weisen ihnen eine ebene Stelle gleich am Wasser, wo sie ihr Zelt aufschlagen können. Die Landarbeiter sind junge Leute. Alle sind sehr schlank und tragen indianische Gesichtszüge.

Sie ziehen das Kanu an Land, drehen es auf den Bauch und machen sich an den Aufbau des Zeltes. Als sie damit fertig sind, ihre Decken ausgerollt haben und das Gepäck sorgfältig im Vorzelt verstaut ist, nimmt José-Louis sein Gewehr, von dem er sich aus Angst vor Diebstahl nicht trennen möchte, und gemeinsam gehen sie den mit *zacate* bewachsenen Hang hinauf zu den Häusern.

Die Bewohner des Ranchos sind größtenteils unverheiratete *vaqueros.* Nur der *loco* hat eine Frau. Sie ist mindestens zwanzig Jahre jünger als er, indianischen Blutes und sehr hübsch. Sicherlich betrügt sie ihn mit einem von den strammen Kerlen während der vielen Zeit, die er abwesend ist um zu jagen, zu fischen oder nach den Rindern zu sehen. Zum Zeitpunkt des Erscheinens der drei Fremden bereitet sie mit züchtig niedergeschlagenen Augen das Abendessen; ganz in der Rolle der demütigen Hausfrau, mit der die mexikanische Weiblichkeit ihr ungestümes Wesen zu kaschieren pflegt. Das Rancho liegt wirklich sehr einsam. Nachrichten aus der Außenwelt sind ein rares Gut. Die Neuankömmlinge werden umlagert und mit Fragen bestürmt. Besonders bezaubert die Leute, was Napoleon und Elvis aus Deutschland zu berichten wissen. Deutschland scheint ihnen ein Ort der Märchen und Mythen. Sie lieben den fremdländischen Akzent, wenn die beiden Spanisch sprechen. José-Louis hingegen spricht von Acatlan. In den Augen seiner Zuhörer ist das verschlafene Provinznest bereits die große weite Welt. Er erzählt von seinen Zuckerrohrfeldern und der Arbeit, die er dort verrichtet. Die Dinge, von denen er spricht, sind für die Menschen hier greifbarer, als eine Autobahn, auf der entfesselte Luxuskarossen ohne Geschwindigkeitsbegrenzung rasen dürfen.

Da die Gaste sich als eine so großartige Unterhaltung entpuppen, ist der *loco* wie ausgewechselt. Plötzlich ist ausgerechnet er, der sie nicht hat haben wollen, total stolz darauf, sie herbeigebracht zu haben. Er tut ganz so, als sei ihre Anwesenheit nur dank seiner großherzigen Einladung zustande gekommen und behandelt sie mit einem deutlichen Plus an Respekt. Dies geht so weit, daß er sie bald schon eifersüchtig von dem einfachen Volk trennt, und sie in sein Allerheiligstes einlädt, seine Kammer. Auf dem Ehebett sitzend bekamen sie dann sein bestes Stuck vorgeführt, seine Flinte. Sie hatte Schrotkaliber .16 und ist am Schaft mit Silber beschlagen. Die Waffe mag fünfzig oder sechzig Jahre auf dem Buckel haben und ist für ihr Alter erstaunlich gut in Schuß. Leider besitzt er keine Munition, weshalb für ihn die Jagd ruht. Für die Tierwelt in seiner Umgebung ist es ein Segen. Der Mangel an Munition ersetzt in Mexiko die Schonzeiten, an die sich sowieso niemand halten würde. Während Elvis das Gewehr betrachtet, muß er wieder an seinen kanadischen Freund Jim denken, dessen große Leidenschaft ja auch die Jagd ist. Wenn es wahr ist, daß bei zwei Doppelgängern der eine immer gut und der andere immer böse ist, so dürfte der *loco* wohl der Böse der beiden sein, denkt Elvis. Jim ist nämlich ein sehr anständiger, gutmütiger Kerl. Elvis hätte, nachdem er diese Schlußfolgerung gezogen hat, mehr auf der Hut sein sollen.

Die *mojaras*, die des *locos* Frau auf dem Küchentisch serviert, sind ausgezeichnet. Sie serviert sie knusprig in Maisöl gebacken, mit Bohnen, Tortillas und Chilis. Hungrig fallen die Männer über das Festmahl her und vergessen dabei nicht, zwischen dem Kauen ein hohes

Loblied auf ihre Küche anzustimmen. Als sie zu Ende gegessen haben drückt José-Louis ihr einen Geldschein in die Hand, was sie mit einem bezaubernden Lächeln quittiert. Danach begeben sie sich nach draußen, trinken Limonade aus frisch gepreßten Limonen mit viel Zucker und führen ein wundervolles Gespräch bis spät in die Nacht mit den sanftmütigen, an allem interessierten *vaqueros.* Auf einmal hat jemand eine Gitarre in der Hand und schlägt ein paar Akkorde. Am Himmel erstrahlt die Milchstraße und der Kitsch ist perfekt.

Als sie zu ihrem Zelt gehen, um müde unter ihre Decken zu kriechen, ist das Gras schwer und naß vom Tau. Gepäck und Proviant lassen sie im Vorzelt, denn sie rechnen nicht damit, daß die freundlichen Leute das Gastrecht brechen und sie bestehlen würden. Einzig sein .22er nimmt José-Louis mit ins Innere. Sie reißen noch einige Witze über die Narreteien des *loco* und fallen kichernd in einen tiefen, angenehmen Schlaf.

Am nächsten Morgen wachen sie zeitig auf. Sie frühstücken eine Handvoll Kekse, die sie mit einem Schluck Wasser herunterspülen und machen sich daran, ihnen Kram zusammenzupacken. Während sie das Zelt abbauen, bekommen sie zum zweiten Mal nasse Füße vom schweren Tau im knöchelhohen Gras. Bald ist alles im Kanu verstaut. Einige der *rancheros* schlendern zum Ufer herunter, um ihnen Lebewohl zu wünschen. Der *loco* ist nicht darunter. Er sei noch vor Morgengrauen, in der *madrugada,* aufgebrochen, um seinen Geschäften nachzugehen. Auch der junge Ingenieur ist nicht dabei, weil er – ganz Städter – noch schläft. Man verabschiedet sich ohne großes Zeremoniell. Die drei Kanuten danken für die Gastfreundschaft und stoßen sich vom Ufer ab. Das Wasser des Rio Tonto kräuselt sich ein wenig in der leichten morgendlichen Brise. Auf umgestürzten Baumstümpfen in Ufernähe sonnen sich Schildkröten, die blitzschnell ins Wasser gleiten, als sie sich ihnen nähern.

Das Gelände hebt sich. Sie passieren ein paar zwischen Berghänge gezwängte Indigenahütten, die durch in den Stein gehauene Stufen mit dem Wasser verbunden sind. Unter einer steilen Felswand treffen sie einen Mazateken, der in seinem Einbaum balancierend mit Sehne und Haken nach *mojaras* angelt. Als Köder benutzte er Würmer. Die Stelle ist besonders gut zum Fangen geeignet, weil oberhalb von ihr, in den aus den Felsen herauswachsenden Bäumen und Sträuchern, eine Reiherkolonie brütet. Die Fische werden vom Kot der Vögel und herabfallenden Nahrungsresten angelockt. Diese Dinge fallen so reichlich aus den Nestern zu ihren Köpfen, daß die Kanuten Sorge bekommen, von ihnen getroffen zu werden. Also kürzen sie die Fachsimpelei mit dem lächelnden Fischer ab und paddeln genau in dem Augenblick weiter, als ein besonders großer Flatschen Reiherkacke zwischen die Zehen des Mannes klatscht.

Aus den Schatten der Berghänge kommend, bewegen sie sich hinein in die heißen Strahlen der Vormittagssonne. Das Land wird wieder flacher. Es sind kaum Baume zu sehen. Hinter jeder Biegung des Flusses erwarten sie die weite Fläche des Stausees zu sichten. Doch sie müssen sich noch ein wenig gedulden. Kurve um Kurve schlängelt sich der Rio Tonto durch die abgeholzten Weideflächen. Die Ufer sind sumpfig. Wasserpflanzen wachsen in dichten Teppichen am Übergang zwischen Wasser und Land. Eine Vielzahl von Wasservögeln tummelt sich dort. Besonders zahlreich ist eine Ralle vertreten, das Amerikanische Bläßhuhn, das große Ähnlichkeit mit dem europäischen Bläßhuhn hat. In Mexiko werden die Tiere wegen ihres schwarzen Federkleids *viudas* genannt, was zu Deutsch Witwe heißt.

Elvis versucht seine beiden Gefährten davon zu überzeugen, daß diese Vögel einen guten Braten abgeben können, sie sozusagen genau das Richtige für ein herzhaftes Mittagessen seien. Napoleon und José-Louis zucken gequält die Achseln. Anders als Elvis leiden sie weder am Jagdfieber, noch hegen sie besonderes Vertrauen in den Küchenwert dieser schwarzen Witwen. Allerhöchstens sind sie ein wenig neugierig auf eine Vorführung von Elvis´ Schießkünsten. Also wagen sie den Versuch, sich an eine Gruppe Bläßhühner heranzupirschen und müssen feststellen, daß die ausgesprochen scharfäugig und mißtrauisch reagieren. Wahlweise fliegend, tauchend oder schwimmend nehmen sie Reißaus. Frustriert legt Elvis den Schaft an die Wange und läßt sich zu einem chancenlosen Weitschuß hinreißen. So ein Bläßhuhn ist ein kleines Ziel, das schwer zu treffen ist, vor allem, wenn man in einem kippeligen Kanu sitzt und es in Ermangelung eines Zielfernrohrs über Kimme und Korn anvisiert. Sie sehen die Kugel dicht bei dem Tier, das er ausgewählt hatte, peitschend im Wasser aufschlagen. Bläßhühner besitzen die Fähigkeit, wild mit den Flügeln schlagend über das Wasser laufen zu können. Die ledrigen Hautlappen an ihren Füßen, kommen ihnen dabei zugute. Dieses Schauspiel der Natur ist so faszinierend, daß Elvis sich dazu verleiten läßt, einige weitere Kugeln hinter den fliehenden Tieren herzuschicken, die allesamt ihre Ziele verfehlten. Fröhlich ballert er Löcher in die Luft und in die Wasserpflanzen. Die Winchester .64 schleudert, ihrem halbautomatischen Mechanismus gehorchend, in hohem Bogen die leeren Patronenhülsen über Bord. Nach neun Schuß ist das Stabmagazin leer, aber immer noch kein Braten an Bord. Er greift in die Außentasche des Rucksacks, in der sie die Munition aufbewahren. Seine Hand greift ins Leere. Er ist sich sicher, daß er die Munition dort hinein gesteckt hat. Er durchforschte den kompletten Rucksack. – Nichts. Die Patronenschachtel ist weg. Geklaut! Jemand mußte in der Nacht an ihr Vorzelt geschlichen sein, sie im Dunkeln ertastet und dann gestohlen haben. Ihr Verdacht fällt auf den *loco*.

Aber bevor Elvis seiner Empörung so richtig Luft machen kann, sieh er sie. Sein letzter Schuß muß sie aus ihrem Versteck in den Wasserpflanzen getrieben haben. Nun schwimmt sie im Freiwasser. Es ist eine gewaltige Schlange, die genau wie die drei Kanuten auf der Jagd nach *viudas* gewesen ist.

„Die sehen wir uns aus der Nähe an!“, ruft Elvis.

Wenn drei kräftige Männer sich ins Zeug legen, kann ein Kanu ganz ordentlich Fahrt machen. Nach kurzer Zeit sind sie auf einer Höhe mit dem majestätischen Wurm. Sie verlangsamen ihre Fahrt und paddeln knapp einen Meter entfernt, parallel zu ihm. Napoleon fängt an, Zeichen von Nervosität von sich zu geben, weil er im Bug und damit auf gleicher Höhe mit dem Kopf und den wahrscheinlich giftigen Zähnen der Schlange sitzt. Elvis versucht, ihn mit den Worten: „Sie wird dich schon nicht beißen“ zu beruhigen. Für ihn, der im

Heck sitzt, sich somit an ihrem Schwanzende befindet und wenig zu befürchten hat, ist das leicht gesagt. Was veranlaßt ihn, Napoleons Leben so einfach aufs Spiel zu setzen? Ist es sein alter Groll, weil Napoleon sich etwa zwei Jahre zuvor aus Geiz geweigert hatte, ihm in einer brenzligen Situation fünfzig Dollar zu leihen? Wahrscheinlich ist er einfach nur geil drauf, diesem Tier nahe zu sein, und so ignoriert er fahrlässig in seinem von Drogen und Alkohol geschädigtem Hirn die Gefahr, die von ihm ausgeht. Sein krankhafter Narzißmus gaukelt ihm vor, die Situation unter Kontrolle zu haben. Sicherlich spielt auch eine schäbige Freude daran, Macht über seinen Kumpel ausüben zu können, eine Rolle. Aus der Tatsache, daß Napoleon am Kopf und Elvis neben ihrem Schwanz sitzt und das Kanu über eine Gesamtlänge von circa fünf Metern verfügt, kann man unter Berücksichtigung der Schlängelbewegungen des Tieres schließen, daß die Schlange auch um die fünf Meter lang ist. Welcher Art diese Schlange angehört werden sie nie herausfinden, obwohl Elvis später noch viele Reptilienbücher wälzen wird auf der Suche nach ihr. Aber trotz ihrer erstaunlichen Größe ist es sicher keine Anakonda. Anakondas sind mit matten Farben getarnt, was sie im Dickicht des Dschungels unsichtbar macht. Diese Schlange aber ist mit schreiend grünlich-gelben Karos auf dem Rücken gemustert. Sie gleiten neben der Schlange her. Für eine oder zwei kurze Minuten haben sie das Gefühl eins mit ihr zu sein. Die Schlange schlägt sie in einen hypnotischen Bann. Auf einmal versteht Elvis, was Rudyard Kipling in seinem Dschungelbuch ausdrücken wollte, als er Mogli der tödlichen Ka gegenüberstellte und das Kind ihrer

Hypnose erliegt. Rechts tauchen sie ihre Paddel ein, während links von ihnen die Schlange schwimmt. Über ihnen brennt Mexikos erbarmungslose Sonne. Einen naiven Augenblick lang will Elvis, daß es ewig so weiter ginge: die Sonne, die Schlange, drei Freunde in ihrem Kanu.

Ganz plötzlich und ohne Vorwarnung, ja ohne dass Elvis ihn als solchen wahrnimmt, kommt der Angriff. Sie ändert ihre Richtung und hält auf das Kanu zu. Elvis bremst mit dem Paddel ein wenig ab und sie schlängelt am Bug vorbei. Es geschieht als ganz leichter, weicher Bewegungsablauf. Napoleon erschrickt trotzdem darüber so heftig, daß sie um ein Haar gekentert wären. Die Vorstellung, in unmittelbarer Nähe dieses gigantischen Reptils im Wasser zu zappeln ist nicht sehr verlockend. Napoleon verlor die Nerven und bekommt einen hysterischen Anfall. Seine Stimme überschlägt sich, sein Gesicht läuft krebsrot an vor Aufregung.

„Idiot! Du wolltest mich umbringen. Hast du gesehen, wie sie den Kopf aus dem Wasser gehoben hat? Um ein Haar hätte sie mich gebissen!"

„Ach, red' keinen Quatsch. Schlangen können im Wasser ihren Kopf nicht hoch strecken. Wie sollten sie denn das anstellen?"

„Ich sage dir, sie hat ihn aus dem Wasser gereckt und wollte mich beißen, du Arschloch."

„Hör doch auf. Ich hatte die Situation die voll unter Kontrolle. Ist doch nichts passiert."

Zitternd versucht Napoleon seinen Adrenalinspiegel in den Griff zu kriegen. Mittlerweile hat die Schlange ein gutes Stuck Distanz zwischen sich und die drei Menschen gelegt. José-Louis, kürzt die Diskussion ab, indem er kraftvoll sein Paddel ins Wasser sticht und dabei ruft:

„Kommt! Einmal sehen wir sie uns noch an.“

Vom Jagdeifer gepackt setzen sie das Kanu wieder in Bewegung und nach kurzem Zögern paddelt Napoleon genauso schnell wie die beiden anderen. Trotz seiner Angst ist er genau wie sie den hypnotischen Kräften des Reptils erlegen und will sie noch einmal spüren.

Was dann geschieht, ereignet sich in Sekunden. Sie verkürzen die Entfernung zu der Schlange so rasend schnell, daß diese plötzlich in ihrer Flucht inne hält und sich zum Kampf stellt. Dabei zeigte sich, da8 Napoleon recht gehabt hat und sie sehr wohl in der Lage ist ihren Kopf aus dem Wasser zu heben. Während sie weiter auf sie zu gleiten, streckt die Schlange ihren Kopf etwa einen Meter über die Wasseroberflache. Dazu bläht sie ihren Hals wie eine Kobra, öffnet ihr zahnbewehrtes Maul und läßt ein schauderhaftes Fauchen vernehmen.

Sie versuchen das Kanu zu stoppen, indem sie gegenrudern. Dabei dreht sich das Boot und auf einmal ist es Elvis, der dem Reptil am nächsten kommt. Er ist höchstens noch zwei, drei Meter von der wild zischenden Schlange entfernt, als die Bewegung des Kanus an den toten Punkt gelangt und es langsam anfängt, sich rückwärts zu bewegen. Einen Augenblick lang ist Elvis versucht, mit dem Gewehr in Anschlag zu gehen und abzudrücken. Aber erstens hat er gar keine Munition mehr und außerdem empfände er es als Riesensauerei, das Tier einfach abzumurksen, nachdem sie es durch Idiotie in diese Zwangslage getrieben haben. Wahrscheinlich sind es die schäumenden Wirbel, der hektischen Paddelschlage im Wasser, welche die Schlange im

Endeffekt davon abhalten, nach vorne zu schnellen und zuzubeißen. So beläßt es das Tier bei der Drohgebärde, bis sie ein gutes Stück zurückgewichen sind. Danach versinkt es der Länge nach in den trüben Fluten. Stumm warten die Männer ab, was als nächstes passiert. Ein mulmiges Gefühl beschleicht sie. Einen Augenblick lang fürchten sie, den Kopf der Schlange neben der Bootswand aus dem Wasser schießen zu sehen, um einen von ihnen zu packen und ins Verderben zu reißen. Aber nichts dergleichen geschieht. Sie taucht an derselben Stelle wieder auf, an der sie untergetaucht ist und windet sich eilig Richtung anderes Ufer.

Schweigsam setzen sie ihren Weg fort. Napoleon kann Elvis nicht verzeihen, daß er ihn durch seinen Leichtsinn in Lebensgefahr gebracht hat und macht seinem Herz mit lautem Schimpfen Luft. Kurze Zeit später erreichen sie die offene Wasserfläche des Stausees. Es geht auf Mittag zu. Sie setzen sich Hüte auf gegen die sengenden Strahlen der Aztekensonne. Ab und an ragt der blattlose Wipfel eines untergegangenen Baumes wie die flehend ausgestreckte Hand eines Ertrinkenden, aus dem Wasser. José-Louis meint, daß sie nun bald zur *iglesia* gelangen würden. Tatsächlich dauert es nicht lange, und sie können dräuend das Wrack des versunkenen Kirchenschiffes in der Ferne ausmachen. Sie kommen näher. Bald können sie Einzelheiten erkennen. Eine gruselige Art von Ehrfurcht ergreift von ihnen Besitz. Der Dachstuhl der Kirche ist verschwunden. Kormorane sitzen auf dem Gemäuer, ihre Flügel kreuzförmig zum trocknen ausgestreckt. Wie schwarze Verhöhnungen des Heilands hocken sie da und spritzen ätzenden Kot auf die ehrwürdigen Backsteine. Hier zeigt sich die Brutalität der gestauten Wassermassen am eindruckvollsten. Der Grund dafür, daß die Kirche aus der Wasseroberflache herausragt, liegt darin, daß sie einst auf einem Hügel über dem Rest des Ortes gethront hatte.

Die Geister der deportierten Ureinwohner – indigene Opfer von Fortschrittglauben und Finanzinteressen klammern ihre Wasserleichenfinger in die Herzen der Kanuten, flüstern ihnen Geschichten vom Tag der Evakuierung in die Ohren: Von den Lastwagen, den Soldaten, den Stößen mit den Gewehrkolben, von weinenden Kindern, die man wie wilde Tier mit dem Lasso einfängt, von den Schüssen, von den Leichen. Sein Besuch an der *Presa Temascal* vor einiger Zeit kommt Elvis in den Sinn.

In Sichtweite der Staumauer steht eine kleine Pyramide aus Beton mit Wandbildern im Stil eines Diego Riveras. Sie nahmen sie als Zielscheibe, als Elvis mit den Töchtern von José-Louis und ein paar anderen Kindern im Innern der Pyramide herumbolzte. Zu Ehren des Bauwerks als Denkmal errichtet – getreu der Idee: Kunst am Bau –, steht die Betonpyramide in all ihrer Obszönität, tropisch verwahrlost, verkommen in einer gerodeten, vergewaltigten Landschaft, während neben ihr die Turbinen sich drehen und die Wasserkraft rauscht.

Napoleon reicht einen brennenden Joint nach hinten. Sie sind schon fast an der gesunkenen Kirche vorüber. Erst José Louis und dann Elvis füllen sich die Lungen mit beißendem Qualm. Dumpf prickelnd kriecht Benommenheit das Rückenmark herauf. Ihre Blicke verlieren sich zwischen dem Mauerwerk im Wasser und den toten Baumkronen und den reglosen Kreuzigungsvögeln. Gleißender Reflexionen des Sonnenlichts blendet sie. An sinnlos gewordenem Mauerwerk vorbei, stechen sie lautlos ihre Paddel in die trüben Wasser des Stausees.

Etwas spater kommt ein wenig Wind auf. Genau wie vor ein paar Stunden, als die Morgenbrise einsetzte, kräuselt sich das Wasser leicht. Die Hitze wird erträglicher. Die Kraft der Sonne indes bleibt die gleiche. Nach einer Weile erreichen sie einen kleinen Hafen. Ein paar Nachen und Einbäume sind auf das flache Ufer gezogen wurden. Ein lehmiger Pfad führt hinauf zu einem palmwedelgedeckten Haus mit überdachter Veranda, das die ortsübliche Mischung aus Restaurant, Wohnhaus, Kramladen und Kneipe darstellt. Die Besitzerin ist eine stämmige Mestizin namens Doña Soledad. Wie sich herausstellt, sind sie und José-Louis alte Bekannte. Es ist zwar angeblich schon über zwanzig Jahre her, daß sie sich das letzte Mal gesehen haben, aber sie begrüßen sich so herzlich, als sei es gestern gewesen. José-Louis stellt ihr Napoleon und Elvis vor, und so kommen auch die beiden Deutschen in den Genuß an ihre nach Herdfeuer, Tortillas und *Corona* duftenden, gigantischen Brüste, gedrückt zu werden. Danach setzen sie sich an einen Tisch und bestellen Bier. Von ihrem Platz aus haben sie einen ausgezeichneten Ausblick auf das Wasser. Der Schatten ist köstlich, genau wie das Bier, das ihnen in wohlgekühlten, Kondenswasser schwitzenden, Flaschen von der Patronin gebracht wird. Mit gierigen Schlucken netzten sie ihre von der Sonne und dem Marihuana ausgedörrten Kehlen.

Doña Soledad versorgt sie mit Rührei, Bohnen und Tortillas. Dazu kaufen sie ihr eine kleine Konservendose mit *chili chilpotle* ab. Diese Chilis werden vor der Zubereitung geräuchert, liegen in einer Art Western-Soße und sind höllisch scharf. In ihrem Heißhunger leeren die Drei die Dose bis auf den Grund. Schweißperlen bilden sich auf ihren Stirnen. Napoleon ist der erste, der feststellen muß, daß er sich enchiliert hat. Laut zischend holt er tief Luft und trinkt einen sehr großen Schluck Bier. Danach tut ihm sein Mund noch mehr weh. Elvis zögert kurz, dann tut er es ihm gleich. José-Louis hat sich, obwohl man denken mochte, er sei als Mexikaner abgehärtet, genauso wie die beiden Deutschen die Mundhöhle verätzt. Er leidet lediglich routinierter, mit jenem gequält lächelnden Gesichtsausdruck eines befriedigten Masochismus, der allen wahren Chili-Liebhabern eigen ist. Es ist halt schön, wenn der Schmerz nachläßt.

Unter den drei oder vier Männern, die an jenem frühen Mittag das Restaurant bevölkern, befindet sich auch der Sohn der Wirtin. Sie kommen ins Gespräch. Soledads Sohn ist eine Tunte und hat lange Jahre im *D.F.* gelebt. Vor einiger Zeit ist er aus der Haupstadt zu seiner Mutter zurückgekehrt, um in der Abgeschiedenheit in Würde auf den Tod zu warten. Sein ausgemergelter Körper ist von AIDS zerfressen. Es wird nicht mehr lange dauern. Die sterbende Tunte weiß zu berichten, daß der Ort, an dem sie sich befinden, in seiner Kindheit sehr häßlich war.

„Überall waren Wald und wilde Tiere! Jaguare haben die Gegend unsicher gemacht. Heute ist es viel schöner."

Während er dies sagt, läßt er seine Hand über die öden Weideflachen kreisen. Die *vaqueros* neben ihm nicken beifällig. Sie geben den Kanuten den Rat, nicht weiter zu paddeln, sondern auf den Bierdampfer zu warten. Dieser könne sie und ihr Kanu ein gutes Stück weit mitnehmen. Satt und faul, wie die Kanuten sind, hielten sie das für eine ausgezeichnete Idee und bestellen mehr Bier. Fröhlich stoßen sie mit ihren neuen Freunden an, trinken, bestellen noch mehr Bier und werden allmählich besoffen. Irgendwann kommt die Rede auf das Zusammentreffen mit der Schlange. Während Napoleon den Staunenden mit großem Geschrei beibringt, wie sein bester Freund versucht hat, ihn umzubringen, befragt Elvis die Ratlosen, um welche Spezies es sich bei dem Reptil wohl gehandelt haben mochte. Höflich, wie die Mexikaner meistens sind, kompromittieren sie Elvis nicht und vermeiden es auf Napoleons spektakuläre Vorwürfe einzugehen. Stattdessen übertreffen sie sich in Mutmaßungen darüber, um welche Schlangenart es sich wohl gehandelt haben mag. Sie bombardieren Elvis mit indianischen Wörtern, aus denen er kein bißchen schlau wird. Hier wartete ein interessantes Aufgabenfeld für die Doktorarbeit eines Ethnobiologen, denkt er und gibt auf und bestellt noch mehr Bier. Sie trinken, merken, daß das Bier sie träge und müde macht und warten auf den Bierdampfer. Er kommt und kommt nicht. Mehrmals packt sie der Tatendrang und sie erheben sich schwankend und wollen sich wieder in ihr Kanu setzen, auf den verdammten Dampfer pfeifen, – „einfach lospaddeln *¡carajo!*“ Doch flugs sind beruhigende Hände da und drücken sie zurück in die rustikalen Stühle aus schwerem Tropenholz.

Augenblicke an denen die drei nicht mehr an die Existenz des Bierdampfers glauben, kommen und gehen. Die Männer im Restaurant raten zur Geduld. Endlich kommt der Bierdampfer. Schon von weitem kann man das Tuckern seines Motors hören. Das Boot scheint derselben Werft zu entstammen, wie die *lanchas*. Es ist aus demselben Glasfiber-Material gebaut und hat einen gleich geformten, wenn auch wesentlich größeren Rumpf. Im Unterschied zu den *lanchas* verfügt es auch über eine Reling und Aufbauten, wozu ein großes, rechteckiges Dach gehört, welches der Mannschaft und dem Bier den unverzichtbaren Schatten spendet. Die Schraube treibt ein Innenborder an. Der Bierdampfer *LA RUBIA*, die Blondine. Elvis wertet dies als Anspielung auf seine bevorzugte Fracht – helle, blonde, mexikanischen Gerstensaft. Als mit dem Staudamm das Wasser stieg, wurden aus den höchsten Hügeln und Anhöhen Inseln, die teilweise bewohnt sind und über den Wasserweg versorgt werden müssen. Außer der *RUBIA* gibt es noch andere Versorgungsschiffe. Die einen liefern Lebensmittel, die anderen kaufen Fisch auf, die wichtigste Einnahmequelle der Insulaner. Bierflaschen kommen in Mexiko in Kartons. Man löscht ein paar davon fur Doña Soledads Laden und bringt stattdessen ihr Leergut an Bord. Natürlich werden die Kanuten gerne mitgenommen. Die Reling der *RUBIA* hat eine Öffnung für die Gangway. Durch den Schleier seines bierselig eingetrübten Bewußtseins hindurch beobachtet Elvis, wie ein paar hilfsbereite braune Hände mit Napoleon zusammen sein Kanu hier einfach reinstecken, so daß das hintere Drittel wahrend der Fahrt seitlich aus der *RUBIA* herausragt. Das sieht lustig aus. Er muß über das ganze Gesicht grinsen und klettert an Bord. Kurze Zeit später legt der Bierdampfer wieder ab. Nachdem sie Doña Soledad, ihrem schwulen Sohn und den Anderen zum Abschied gewunken haben, kaufen sie der vierköpfigen Besatzung einen ihrer Bierkartons ab und teilen ihn brüderlich mit ihr. Diese Süßwassermatrosen sind allesamt mazatekischen Ursprungs und ihre Gesichter gezeichnet vom übermäßigen Genuß ihrer Handelsware. Man stellt sich mit Namen vor und vergißt sie sofort wieder, stößt an, ruft inbrünstig „¡salud!", redet allerlei Unsinn und ist insgesamt in ausgelassener Stimmung. Der Kapitän hatte ein unglaublich fürchterliches Gebiß. Kreuz und quer stehen ihm die gelben Zähne im Mund. Er knüpft eine Unterhaltung mit Elvis an, bei der er viel und charmant lächelt. Elvis ist fasziniert. Er steigt mit seiner Bierflasche auf das Dach. Hier oben genießt er den Fahrtwind während eintönig die Landschaft an ihm vorüberzieht. Ihm wird bewußt, daß sie die Distanzen auf dem Stausee unterschätzt haben. Durch die Fahrt mit der *RUBIA* sparen sie mindestens einen ganzen Tag Paddeln. Irgendwann bemerkt er an Land eine Indianersiedlung. Unterhalb von ihr ist ein breiter Streifen mit Marihuana bebaut. Er machte Napoleon und José-Louis auf seine Entdeckung aufmerksam. Sie haben mittlerweile bereits einen zweiten Karton Bier gekauft. Napoleon ist in einem Zustand, in dem Elvis sagen kann, was er will. – Napoleon wird ihm, einem inneren Automatismus gehorchend, auf jeden Fall widersprechen und das Gegenteil behaupten.

„Niemals, du Idiot. Niemals ist das Marihuana!"

„Mann. Eigentlich müßtest doch gerade du am besten wissen, wie das Zeug aussieht."

„Eben. Und ich sage dir. Das ist keins!"

Sie ziehen José-Louis als Schiedsrichter hinzu. Er lachte über ihr Gesprächsthema und bleibt mexikanisch diplomatisch.

„Es kann schon sein. Aber wahrscheinlich ist es eher keins".

Ob es wirklich eine riesige Rauschgiftplantage ist oder nicht, wird wohl, genau wie die Identität der Schlange, für immer ein Geheimnis bleiben. Aber Fakt ist und bleibt, daß dort eine Menge Gemüse wächst, das von weitem verdammt große Ähnlichkeit mit Cannabis hat.

Auch der zweite Karton mit Bier ist irgendwann leer. Aber bevor sie Gelegenheit bekommen, einen dritten zu erstehen, verlangsamt die *RUBIA* ihre Fahrt und die Besatzung bedeutet ihnen, daß sich hier ihre Wege trennten, denn sie wollen ja nach *La Capilla*. Die Matrosen weisen ihnen mit dem Arm die ungefähre Richtung, die sie einzuschlagen haben. Gemeinsam lassen sie das Kanu zu Wasser, die drei springen hinein und stoßen sich winkend und johlend von der *RUBIA* ab. Das Boot nimmt erneut Fahrt auf entschwindet in einem Seitenarm des Stausees. Jetzt sind sie wieder auf sich selbst gestellt. Bevor sie lospaddeln sehen sie sich um und lassen die Umgebung auf sich wirken. Sie befinden sich in einer Gegend, in der die Kuppen ehemaliger Hügel eine Inselwelt bilden, die eines Odysseus würdig gewesen wäre. Sie steuern ein winziges Eiland an, das kaum mehr Fläche als eine Berliner Einraumwohnung aufweist und bis auf ein paar Grasbüschel völlig vegetationslos ist. Einmal angekommen, setzen sie sich an den Strand, halten sich die brummenden Schädel, stieren stumpfen Blickes auf den märchenhaften Archipel und wähnen sich vom Schicksal geschleudert. Es gibt Inseln mit großen *ceibas* in deren Ästen sich Gelbstirnamazonen tummeln und Inseln mit schroffen Felswänden von Urwaldresten gekrönt. Napoleon dreht eine Tute von ihrem letzten Gras. Das Kiffen macht sie nicht unbedingt nüchterner; im Gegenteil. Ihre Gehirne werden breiig, die Gedanken konturlos. Elvis drückt den Jointstummel auf dem Boden aus und sie beschließen, weiterzupaddeln. Das Eiland läd in seiner öden Winzigkeit nur zu kurzem Verweilen ein. Als sie in das Kanu steigen, macht José-Louis die Bemerkung, daß sich über ihren Köpfen ein *norte* zusammenbraue.

Stolzer Höhenflug gebiert Absturz und Zusammenbruch. Es folgt eine Situation extremer Lebensgefahr. Der Tod tritt sehr dicht an die Freunde heran und streckt die knochige Hand nach ihnen aus. Als er die Schlange schickte, hat er nur gespielt. Diesmal meint er es ernst. Einen *norte* hatte Elvis die Leute im Winter einen kühlen Nordwind nennen hören, der die Temperaturen auf fünfzehn bis sechzehn Grad fallen ließ, so daß alle fürchterlich froren. Was er in seinem besoffenen Schädel nicht realisiert, ist, daß *norte* augenscheinlich daneben auch die Bezeichnung für einen tropischen Gewittersturm ist. Ein Blick in den Himmel zeigt düstere Wolkentürme. Jedoch weht, als sie ablegen, noch kein einziges Lüftchen. Sie wagen sich daran eine größere Wasserfläche zu überqueren. Auf dem anderen Ufer können sie im Schatten einer hohen Felsenklippe ein einzeln stehendes traditionell aus Holz errichtetes Haus ausmachen. Der Berg, zu dem die Klippe gehört, ist dicht mit dem schönsten Urwald bewachsen. Das Haus liegt in etwa einem halben Kilometer Distanz und wirkt aus der Ferne verlockend malerisch inmitten der üppigen Baume. Sie halten darauf zu.

Als sie etwa das erste Drittel der Wasserfläche durchquert haben kommt – wie ein Hammerschlag aus dem Nichts – die erste Bö. Sie ist heftig. Um ein Haar kentern sie. Die eben noch glatten Wasser verwandeln sich jäh in meterhohe Sturzseen. Mehrere Blitze durchzucken den Himmel, zerreißen ihn. Die stetig weniger werdenden Sekunden bis zum Donner verraten, daß sie schnell näher kommen.

„Wir müssen umkehren!"

„Nein! Wir schaffen das!"

Elvis' vom Alkohol und vom Gras benebelte Sinne verblenden ihn. Da er hinten sitzt und das Steuerpaddel hält, hat er die Gewalt über ihr kleines Gefährt. Mit aller Kraft stellt er sich dem Sturm, der ihnen frontal ins Gesicht bläst. Den beiden anderen bleibt nichts anderes übrig, als es ihm gleich zu tun. Sie paddeln wie die Wilden, ohne sich vom Fleck zu bewegen, gewinnen keinen einzigen Zentimeter gegen die entfesselten Gewalten. Der Kampf ist aussichtslos. Quälend lange Sekunden zeigen José-Louis und Napoleon nicht die Spur von Meuterei, sondern rackern sich ab und gaben ihr verzweifeltes Allerletztes. Elvis ist der Kapitän Ahab der Kanufahrer, der seine Mannschaft und sich selbst in den Untergang führt für etwas Unerreichbares. Die idyllische Hütte am anderen Ufer, längst unsichtbar geworden im Wolkenbruch, ist sein Moby

Dick. Um sie herum fahren Blitze aus dem Himmel, sind Donner, Regen, und Wellen vom Typ Surfer-Traum.

„Wir müssen umkehren!"

„Ok. Wir wenden!"

Sie schreien aus voller Kehle um sich Gehör zu verschaffen im Tosen des Sturms. Elvis braucht bloß das Paddel anzuwinkeln. Der Wind besorgt den Rest. Er reißt den Bug des Kanus in die entgegengesetzte Richtung. Sofort nehmen sie rasende Fahrt auf. Ein höllischer Wellenritt nimmt seinen Anfang. Das Kanu wird ihr Surfbrett. Sie surfen durch Chaos. Regentropfen wie Nagelstiche peitschen ihre Haut. Alle drei paddeln um ihr Leben. Sie haben das Wissen im Hinterkopf, daß sich der Blitz gerne den höchsten Punkt auf einer Wasserfläche zum Einschlagen sucht. Dies kann der Schädel eines Schwimmers sein, oder drei Männer in einem Kanu. Menschliche Körper sind hervorragende elektrische Leiter.

Eine Insel kommt in Sicht. Sie ist bewohnt. Schemenhaft können sie ein Haus ausmachen. Sie surfen in Richtung des Hauses. Es kommt rasend schnell näher. Da dreht abrupt der Wind und versetzt ihnen einen seitlichen Stoß. Die Gefahr des Kenterns ist noch größer als beim ersten Mal. Unter Aufbietung all ihrer Kräfte gelingt es ihnen diesen Schlag mit dem Paddel abzufangen. Der Sturm nimmt sie jetzt schräg von vorne. José-Louis müßte sein Paddel nun auf der entgegengesetzten Seite einsetzen, um dagegen zu halten.

„Wechsel die Seite!"

José-Louis paddelt, von wilder Panik ergriffen, weiter auf der falschen Seite, sein breiter Rücken eine nicht zu bremsende Urgewalt. Sie schaffen es trotzdem. Sand knirscht unter dem Rumpf.

„Hurra!"

Vollkommen durchnäßt springen sie aus dem Kanu in dem über handhoch das Wasser steht. José-Louis greift sein Gewehr und rennt, die Waffe in der Hand, mit den beiden andern auf das Haus zu. Die Insel, auf der das eher unidyllisch wirkende Haus steht, ist flach. Eine alten *ceiba*, heiliger Baum der Mayas, sorgt mit stacheligem Stamm und breiter Krone, für Schatten. Kaum haben sie die Schwelle überschritten – und bevor sie noch Gelegenheit haben, die bronzefarbenen Gesichter im halbdunklen Innern der Hütte zu begrüßen, bricht in einer gewaltigen Detonation der Himmel aber ihren Köpfen auseinander. Der Blitz kommt zeitgleich mit dem Donner und schlägt ins Wasser ein.

Die schreckverzerrten Gesichter der drei Neuankömmlinge bilden einen krassen Kontrast zu denen der mazatekischen Großfamilie, die ohne eine Miene zu verziehen, gleichmütig ihrem Schicksal harrt. Sie zeigt sich recht reserviert den Fremden gegenüber, die ohne Einladung, mit der Waffe in der Hand, ihr Haus betreten haben. Frische Bilder aus dem mexikanischen Fernsehen, kaum zwei Wochen alt, schwirren Elvis durch den Kopf. In denen wurden die Leichen einer vom Blitz verkohlten, Großfamilie aus einer Hütte getragen, die fatale Ähnlichkeit mit dieser hier hatte. Es verstreich eine Weile unterschwelliger Todesangst. Keiner spricht viel, bis sie merken, daß das Gewittergrollen weiter zieht und der Regen nachläßt. José-Louis ist der erste, der das Schweigen bricht, indem er – dreist wie immer – verlangt, die guten Leute mögen ihnen doch bitte jedem einen Fisch braten.

„Wir haben großen Hunger."

„Es ist kein Fisch da."

Das Familienoberhaupt ist ein junger Mann, der eine angenehme sanfte Art zu sprechen hat. Die anderen Bewohner des Hauses sind Kinder, Frauen und ein hagerer, stiller Greis. José-Louis erlaubt sich, den Hausherrn bei einer Lüge zu ertappen.

„Beim Rennen durch den Sturm habe ich einen Kescher voller Mojaras im Regen hatte liegen sehen."

Der junge Mazateke gibt sich mit einem verkniffenen Lächeln geschlagen. Auf einen Wink hin läuft einer seiner Söhne los und holt die Fische. Seine schöne, schwarzäugige Frau macht sich ohne Murren an die Arbeit, die ungebetenen Gaste zu verköstigen. Dem sensiblen Napoleon ist die Sache peinlich. Aber auch ihm knurrt der Magen. Wie immer auf Ausgleich bedacht, rennt er zum Kanu und schleppt die Tüten mit den Lebensmitteln, die sie auf dem Weg zum *Rancho El Paraiso* in Cosalapa eingekauft hatten, durch das Regen-Nachgeplänkel. Tomaten, Chili *huachinango*, schwarze Bohnen und Avocados; er holt alles einzeln heraus und zeigt es vor. Dann stopft er es wieder zurück. Man akzeptiert die Köstlichkeiten aus der Stadt mit einem Kopfnicken. Napoleon stellt die Tüten auf den Fußboden aus gestampftem Lehm. Im Duft der bratenden Fische wird die Atmosphäre entspannter. Die Reisenden erzählen wer sie sind, daß *La Capilla* ihr Ziel sei und daß sie aus reiner Lust am Abenteuer unterwegs seien. José-Louis läßt verlauten, er wolle zwei

Fische. Er bekam sie. Es stellt sich heraus, daß die junge Hausherrin nicht nur vergleichbar gut aussieht wie die Frau des *loco*, sondern auch eine ebenso vortreffliche Köchin wie diese ist.

Frisch dem Tod entronnen, speist es sich ganz fantastisch. Das Zittern in ihren Gliedern läßt langsam nach. Die Wirkungen von Alkohol und Adrenalin heben sich gegenseitig auf. Bis auf ein Kribbeln in den Fingerspitzen fühlen sie sich erstaunlich nüchtern. Als sie ihre *mojaras* verputzt haben, werfen sie den gierig danach schnappenden Hunden die Gräten zu und lecken sich die Finger. Sie sparen nicht mit Komplimenten an die Köchin, die sie mit einem bezaubernden Lächeln entgegennimmt. Ein Geldschein wechselt ohne großes Zeremoniell den Besitzer. Am Aufblitzen ihrer schwarzen Augen und der flinken Handbewegung kann man erkennen, daß ihr die harte Währung ein gutes Stück mehr liegt als irgendwelche blumigen Worte. José-Louis äußert den Wunsch, in der Hütte der guten Leute übernachten zu wollen. Er erntet Widerspruch von seinen beiden Gefährten. Elvis und Napoleon wollen ihr hart erkämpftes Willkommen nicht überstrapazieren.

„Der Sturm nachgelassen. Laßt uns noch ein Stück paddeln und auf irgendeiner Insel einfach wieder das Zelt aufbauen."

Der Wind ist wirklich merklich abgeflaut, als sie zum Kanu zurückkehren. Die Wellen haben sich geglättet. Mit wenigen Handgriffen haben sie das Boot wieder flott gemacht, verabschieden sich und fahren los. Sie kommen nicht weit. Der *norte* hat nur kurz Atem geholt. Nach kürzester Zeit frischt der Wind erneut auf und verursacht abermals bedenklich hohe Wellen, die über die Reling schwappen. Die Nacht setzt wegen der düsteren Wolkendecke noch schneller ein als am Vorabend. Schlagartig ist es stockfinster. Mit Ach und Krach schaffen sie es zu dem kleinen Mini-Eiland, auf dem sie ihr letztes Gras weggekifft haben, nachdem sie von Bord der *RUBIA* gestiegen waren. Sie empfinden das gleichzeitig als lustig und frustig, während sie das Eiland abschreiten, um die beste Stelle zum Zelten ausfindig zu machen.

„Hier ist es schön eben."

„Aber hier schwappen die Wellen bis ran ans Zelt."

„Hier oben ist es besser, auf der Kuppe."

„Aber da stehen wir ja voll im Wind."

„Egal. Macht doch eh kaum einen Unterschied."

Am Ende einigen sie sich auf ein halbwegs ebenes Fleckchen auf der Kuppe des Eilands. Zurück bei Kanu stellen sie fest, daß das Zelt fort ist. Wie um die Theatralik dieser Erkenntnis zu unterstreichen setzt just in diesem Augenblick vertikaler Regen ein. Sie raufen sich die Haare, stampfen mit den Füßen auf den Boden und durchkramen genauso sinnlos wie ergebnislos mehrfach die gesamte Ausrüstung, die im Rumpf des Kanus schutzlos den Elementen ausgeliefert daliegt. Es hilft alles nichts. Das Zelt ist und bleibt verschwunden. Sie haben es im besoffenen Schädel an Bord des Bierdampfers liegen lassen. Die bittere Erkenntnis fördert einen Schwall von Flüchen über ihre Münder.

„Du bist schuld. Noch eine *caja* und noch eine. Du kriegst den Hals einfach nicht voll!"

„Das sagt der Richtige! Wer wollte den immer weiter saufen?!"

„Ich hab ja eh gesagt wir paddeln und verzichten auf den Bierdampfer!“

Sie ahnen, daß ihnen eine unbequeme Nacht bevorsteht. Mittlerweile ist es völlig finster. Kälte fährt in ihre klammen Glieder.

„Laßt uns zurück zu den netten Fischern paddeln.“

„Die finden wir nicht mehr in dieser Finsternis.“

Der einzige Schutz der ihnen gegen den Regen und das Frieren bleibt, ist eine feuchte Wolldecke und ein Rest an Körperwärme. Im zweifelhaften Schutz einer winzigen Erhebung betten sie sich auf den blanken Erdboden. Elvis versteht es so einzurichten, daß er in der Mitte liegt. Während Sturm und regen über ihre liegenden Körper niedergehen, fragt er sich, ob es schwul sei, von der Körperwärme zweier anderer Männer zu profitieren. Zwei weiche Frauenkörper wären ihm definitiv lieber gewesen. Aber es geht ja ums Überleben. Kälte kann verdammt weh tun. Die Abwesenheit von einer Erektion zwischen seinen Beinen und somit vom Drang veranlaßt ihn, die Wahrscheinlichkeit in dieser Nacht des Sturms homosexuell zu werden, als eher gering einzustufen. Er schließt die Augen zu einem wenig erquickenden, durch andauerndes Aufwachen unterbrochenen Erschöpfungsschlaf. Bei jedem Aufwachen muß er feststellen, daß sich ihre Lage einfach nicht verbessern will. Aus den wütigen Gewitterböen hat sich ein stetiger, kräftiger Wind entwickelt. Den Kampf um die knappe Wolldecke führen sie brüderlich erbittert. Mitten in finsterster Nacht fährt Napoleon hoch und schleudert seinen Zipfel der Decke von sich.

„Mir reicht's! Ich nehme jetzt das Kanu und fahre irgendwohin, wo es warm ist und freundliche Menschen sind und es *tortillas* gibt und *frijolitos*!"

„Spinner!"

„*Cabron*!"

Der irr Gewordene beharrt lautstark auf seinem schwachsinnigen Plan. Elvis visualisiert ihn sich, wie verrückt paddelnd, vom Sturm abgetrieben, verloren in einem homerischen Gewirr von Inseln, verzweifelt, in der Dunkelheit der Nacht.

„Wirklich! Morgen früh komme ich wieder und rette euch!"

„Halt endlich die Klappe und leg dich wieder hin, du verrückter Hund!"

„Helft mir, das Kanu zu wassern!"

„Mann!" Du leidest unter gefährlichem Realitätsverlust. Wenn du hier weg willst, kannst du meinetwegen schwimmen. Aber mein Kanu bleibt hier. Das ist mein Eigentum."

„Dein Kanu! Dein Eigentum. Daß ich nicht lache. Du verdammter Kapitalist. Ich bin menschlich enttäuscht von dir."

Am Ende legt er sich doch wieder hin in ihr kaltes nasses Bett und sie suchen erneut jenen Schlaf zu finden, in dem alle Alpträume besser sind und süßer, als die Realität.

Die *lancha* hält zwei Meter vom Ufer entfernt. Kein Sand knirscht unter ihrem Kiel als der *loco* ins Wasser gleitet. Seine hübsche Frau stemmt ihren zarten Körper in die Stake und hält das Boot in Position. Im allerersten Zwielicht der *madrugada* schleicht er sich an die Schläfer heran. Sein erster Hieb gilt dem entblößten

Hals von José-Louis. Rasiermesserscharf gleitet der Stahl der *machete* durch Sehnen, Schlagader, Luftröhre und Halswirbel. Die Blutfontäne schießt über die nasse Wolldecke. Während der sterbende Körper sich windet, wackelt der abgeschlagene Kopf, nur noch an einem Zipfel hängend obszön hin und her. Mit dem zweiten Schlag erwischt er Napoleon, der aufspringen will, am Hinterkopf und spaltet ihn. Napoleons Körper fällt auf Elvis, der in der zerwühlten Decke gefangen ist. Elvis hält schützend die Hände vor das Gesicht. Mit einer Serie wohldosierter Schläge hackt sich der *loco* durch Hände und Unterarme. Finger fallen ins *zacate*. Dann fährt die lange Klinge in Elvis Schläfe.

Mit der Winchester .64 in der Hand und einem Bündel blutverschmierter Peso-Scheine in der Hosentasche, kehrt er zur *lancha* zurück. Die Welt ist ein trüber Himmel, graues aufgewühltes Wasser und ein Fleckchen Boden, den man nicht wirklich trocken nennen kann. Der Regen verwischt die Spuren seiner Gummistiefel. Seine Frau reicht ihm die Stake. Er stößt sich ein Stück vom Ufer ab, bevor er den Außenborder anwirft. Ausdruckslos wendet sie ihr schönes Antlitz den bewaldeten Ufern zu.

Hey You, Surprise!

Es ist nun schon eine Weile her, da saß ich auf unserer Dachterrasse, als ein Hirschkäfer über meinem Kopf hinwegflog. Ich erstaunte darüber, daß ein solch plumpes und großes Insekt des Fliegens mächtig ist. Unwillkürlich dachte ich an Venezuela und den riesenhaften Hirschkäfer, dem ich dort am Rande der andinen Nebelwälder begegnet war. Von diesem Gedanken war es nur ein kurzer Sprung zur Betrachtung jener ironischen Schicksalsfügung, daß ausgerechnet mir, dem Neffen von Peter Koch, die folgende Geschichte zugestoßen ist.

Weihnachten 1993 verbrachte ich mit meinen Eltern und meinen Brüdern auf der luxuriösen Hotelinsel Palm Island, die geographisch den Grenadinen zugerechnet wird. Die Frau meines großen Bruders – ich selber bin der Zweitgeborene – war auch dabei, ebenso die beiden kleinen Töchter. Und dann war da noch mein Vetter. Sein Vater Peter war durch seine Stellung als Chefredakteur vom Stern in den Sog der Ereignisse rund um die gefälschten Tagebücher des Adolf Hitler geraten und wenig später verstorben, weshalb mein Vater Dirk den Jungen wie seinen eigenen Sohn betrachtete. Er war damals ein Teenager von sechzehn Jahren. Meine Eltern sind beide 1943 geboren. Demnach feierten beide in jenem Jahr ihren fünfzigsten Geburtstag. Was zusammen Hundert macht und den Anlaß gab, mit der gesammelten Mischpoke einmal ordentlich Geld auf den Kopf zu hauen.

Im Jahr davor ist mein Großvater mütterlicherseits gestorben, und meine Eltern beschlossen nach seiner Beerdigung auf dem Waldfriedhof hinter unserem Dorf, seine weiße Villa mit dem schönen Garten zu übernehmen, um zukünftig darin zu wohnen und dafür die Geschwister meiner Mutter auszuzahlen. Einmal entschlossen unterbreiteten sie meinen beiden Onkeln und meiner Tante ein entsprechendes Angebot, welches diese zunächst ausschlugen, weil sie es zu niedrig dünkten. Nun wurde ein Gutachter bestellt, um den Wert des Anwesens zu ermitteln. Sein Gutachten fiel um eine bedeutende Summe geringer aus als das Angebot, das meine Eltern gemacht hatten, und so sparten sie unverhofft eine Menge Geld, das sie aber nicht behalten, sondern lieber verjubeln wollten. Palm Island, wir kommen.

Die ehedem angeblich unbewohnte Insel gehörte den amerikanischen Eheleuten Mary und John Caldwell. Die beiden hielten seit 1966 einen Pachtvertrag für das Eiland in den Händen, der sie zum Preis von hundert Dollars hundert Jahre lang zu Eigentümern desselben machte. Es liegt in Sichtweite von Union Island und ist Teil des Staatsgebietes von St. Vincent und die Grenadinen. Die geschäftstüchtigen Amerikaner holzten damals die komplette Vegetation ab (das Inselnarrativ spricht von unnützem, stacheligen Buschland), pflanzten jede Menge Kokosnußpalmen und errichteten eine geschmackvolle Hotelanlage, die den Bedürfnissen der Wohlbetuchten angepaßt war. Fortan wurden dort die Einheimischen am liebsten in Livree gesehen. Mein Vater verdiente seinerzeit durch seine publizistischen

Tätigkeiten nicht schlecht. Wir machten Urlaub wie reiche Leute.

Meine Freundin ist damals zu Hause geblieben. Sie ist kurdisch-schwäbischer Abstammung. Von ihrem kurdischen Vater erbte sie das wilde Herz, aber von ihrer Mutter leider nicht den Ordnungssinn der Schwaben. Mit ihren orientalischen Gesichtszügen, ihrem krausen, schwarzen Haar und ihrer Bombenfigur war sie eine echte Schönheit. Auch im Bett war sie die Wucht; in Haushaltsdingen jedoch eine ziemliche Null. Da ich selber auch nicht unbedingt ein vom Putzfimmel geplagter Ordnungsfanatiker genannt werden kann, sah es in unserer kleinen Berliner Wohnung immer ganz schön chaotisch aus. Meine Freundin hatte nichts gegen meine Eltern oder den Rest meiner Familie, im Gegenteil. Sie mochte jedoch generell die Enge familiären Beisammenseins nicht. Nur wenn es um ihre schwäbische Oma ging, machte sie da eine Ausnahme. Mir gelang es nicht, sie zu einem Mitkommen zu bewegen. Über diese Frage gerieten wir uns anständig in die Haare. Am Ende waren wir völlig verkracht. Ich packte meine Sachen und ließ sie in unserer verlotterten Wohnung allein.

Während heiß die karibische Sonne vom Himmel brannte, tauchten wir durch Wracks und Korallenriffe, aalten uns unter Palmen oder unternahmen Ausflüge auf die Nachbarinseln. Wir freundeten uns mit den livrierten Einheimischen an und spielten abends mit ihnen Volleyball. Mit der größeren meiner beiden Nichten – die andere war noch ein Baby – konnte ich stundenlang im seichten Wasser herumdümpeln. Gerne spielten wir das Spiel, daß sie mit ihren Schwimmflügelchen auf meinem Rücken saß und mich ritt wie einen Delfin, während ich so lange wie möglich den Atem anhielt. Ein andermal ging ich mit meinem Vetter schnorcheln, als wir in eine starke Strömung gerieten. Von der Panik ergriffen, ins offene Meer hinaus gerissen zu werden, kämpften wir verzweifelt gegen sie an. In meinem Innern brannte die Verantwortung für den Jungen. Gnadenlos trieb ich ihn an, schneller zu schwimmen. Am Ende lagen wir völlig ausgepumpt auf dem rettenden Kieselstrand. Auf dem Rückweg zum Hotel verriet uns ein Mann, der hier anscheinend häufiger zu Gast war und sich gut auskannte, daß die Strömung einen lediglich um die kleine Erhebung am Rande des Strandes herumtrüge und man völlig sicher auf der anderen Seite des Hügels herauskäme, wenn man sich einfach treiben ließ. Weil wir dies nicht wußten, wären wir um ein Haar ersoffen.

Das Essen auf Palm Island war fantastisch. Zum Frühstück wurde neben Rührei und Toast eine Vielzahl tropischer Früchte wie Guave, Maracuja oder Papaya gereicht. Zum Dinner gab es Fisch oder Languste. Ich bewohnte einen kleinen Bungalow, von dessen Terrasse aus ich einen Ausblick auf den nahen, palmenbewachsenen Strand hatte. Während vor meiner Nase bunt schillernde Kolibris Nektar aus Hibiskusblüten sogen, kam ich mit dem Maler ins Gespräch, der mit Farbtopf und Pinsel den hellen Strich erneuerte, der den Rand des betonierten Gehwegs markierte, damit man im Dunkeln nicht in den Sand stolperte. Er war ein Rastafari in den Vierzigern, mit stattlichen Dreadlocks und gesetzten, nachdenklichen Zügen. Er bot mir eine Bidi an. Bidis sind indische Zigaretten, bei denen der Tabak in ein Lorbeerblatt gewickelt wird. In diesen Teil der Karibik gelangten sie dank der Nachfahren jener Menschen vom indischen Subkontinent, die – vornehmlich in der zweiten Hälfte des Neunzehnten Jahrhunderts – mit einem Vertrag in der Tasche ankamen, der sie zu temporären Leibeigenen der englischen Grundbesitzer machte. Nach dem offiziellen Ende der Sklaverei diente diese neue Form kolonialer Ausbeutung dazu, den Mangel an Afrikanern auf den Zuckerrohrfeldern zu beheben. Ich bat den Rastafari, mir ein wenig Gras zu besorgen, denn ich kiffe für mein Leben gern. Er willigt ein, unter der Bedingung, daß ich es niemanden weitererzählte. Er würde seinen Job verlieren, wenn herauskäme, daß er Marihuana an die Hotelgäste verdealte. Als dies geklärt war, plauderten wir noch eine Weile und ich erzählte ihm von meinem Plan, nach dem Ende des Hotelaufenthalts über Venezuela, Kolumbien und Mittelamerika nach Mexiko zu reisen, wo ich einen Freund zu treffen gedachte. Aus diesem Grund hatte mein Vater mir ein Drei-Monats-Ticket gebucht, dessen Rückflug von Mexiko-Stadt abging. Mir stand mit anderen Worten ein Vierteljahr Lateinamerika zu meiner freien Verfügung. Der Rasta – ich habe seinen Namen vergessen – war gut informiert und berichtete mir, daß just in diesen Tagen ein Bürgerkrieg in Mexiko ausgebrochen sei. Aufständische Indigene unter dem Kommando des sogenannten Subcomandante Marcos hatten sich unter dem Kürzel EZLN (Ejército Zapatista de Liberatión National) zu einer Guerilla-Armee zusammengeschlossen und forderten im Kampf um ihre Rechte die mexikanische Zentralregierung heraus. Die Guerilleros werden auch Zapatisten genannt, nach dem mexikanischen Freiheitshelden Emiliano Zapata, der 1909 in den Wirren der mexikanischen Revolution ließ. Dies würde dann also das erste Mal in meinem Leben sein, daß ich in ein Kriegsgebiet reiste. Im Grübeln darüber vergaß ich all die anderen Gebiete mit mehr oder weniger offen geführtem Krieg in Kolumbien und Guatemala, durch die mein Weg mich führen sollte.

Einige Tage später stieg meine Familie auf Union Island in eine zweimotorige Propellermaschine und entschwand am Horizont Richtung St. Vincent, von wo aus sie via Barbados nach Frankfurt gelangen würden. Ich hingegen bestieg ein Kleinflugzeug nach Grenada. Mein einziger Mitpassagier an Bord war ein Afro-Amerikaner aus Boston, der von einem Verwandtenbesuch kam. Er war ein paar Jahre älter als ich, der ich damals fünfundzwanzig Lenze zählte. Während unter uns die tropisch wuchernde Insel Carriacou in unser Blickfeld gelangte, bemerkte ich sein überaus starkes Schwitzen. Er litt unter extremer Flugangst und hatte Mühe, seine Atmung unter Kontrolle zu halten.

In Grenada schlief ich eine Nacht zwischen den rund geschliffenen Felsen eines einsamen Strands und flog am nächsten Tag weiter nach Trinidad, wo ich die Bekanntschaft mit mehreren *cutlass men* machte. Das sind Leute, die einen mit hinter dem Rücken verborgener Machete um zwei Dollar anschnorren. Dem Ersten gab ich die zwei Dollar, dem Zweiten nur noch einen. Der Dritte fragte erst gar nicht lang, sondern zog ein Schlachterbeil aus dem Hosenbund um direkt Ernst zu machen. Mich retteten eine Reihe günstiger Faktoren und mein Tausend-Meter-Lauf-Training für das Sportabzeichen, auch wenn dies schon einige Jahre zurücklag.

Von Trinidad aus flog ich weiter nach Caracas, der Hauptstadt Venezuelas. Ich reiste mit leichtem Gepäck. Außer einem kleinen Rucksack aus Baumwolle in dem ein wenig Wäsche zum Wechseln und ein Spanisch Wörterbuch von Langenscheidt steckten, trug ich nichts bei mir. Zwischen den Seiten des Wörterbuchs steckte ein Zettel mit einer Adresse in Caracas, mit der es folgende Bewandtnis hatte.

In Berlin hatte ich eine Freundin, mit der ich manchmal schlief, ohne daß meine kurdisch-schwäbische Freundin davon wußte. Sie hieß Belén und war Spanierin. Irgendwann lernte sie einen Mann aus Ecuador kennen und kam mit ihm zusammen. Von da an war erst einmal Schluß mit unserer sexuellen Beziehung, denn ihr neuer Freund Jorge war sehr eifersüchtig. Fortan trafen wir uns nur noch, wenn er und meine persisch-schwäbische Freundin dabei waren. Wir führten also eine Art Pärchenfreundschaft. Einmal jedoch begegneten wir uns mehr oder weniger zufällig ohne unsere Partner. Wir tranken zusammen ein Bier in einer Kneipe, wo ich ihr von meinen Reiseplänen berichtete. Es stellte sich heraus, daß auch sie vorhatte, nach Caracas zu fliegen. Sie wollte gemeinsam mit Jorge eine Reise nach Quito unternehmen, auf dem Weg dorthin aber Station in Caracas machen, um Gustavo, einen guten Freund von Jorge zu treffen, der von dort stammte und häufig zwischen Venezuela und Deutschland hin- und herpendelte. Ich war Gustavo einmal auf einer Party vorgestellt worden. Daher wußte ich, wie er aussah, kannte ihn aber eigentlich überhaupt nicht. Dennoch hat Belén mir an jenem Abend die Kontaktadresse in Caracas auf einen Zettel geschrieben. Vielleicht bestand ja die Chance, sich dort zu treffen und ein Stückchen gemeinsam weiterzureisen.

Vom Flughafen aus brachte mich ein Taxi zu der Adresse auf dem Zettel. Sie lag in der Innenstadt ganz in der Nähe einer belebten Einkaufsmeile. Unter den vielen Klingelschildern an der Haustür fand ich das mit dem richtigen Namen und klingelte. So machte ich Bekanntschaft mit einer Tante Gustavos. Obwohl ich sozusagen kein Wort Spanisch sprach, gelang es ihr bereits im Treppenhaus, mir verständlich zu machen, daß ich Jorge und Belén verpaßt hatte. Sie waren da gewesen, aber bereits eine Woche vorher wieder abgereist.

Auch Gustavo war nicht mehr da. Er war nach Madrid gereist, um seine von dort stammende Braut vor den Traualtar zu führen. Enttäuscht dankte ich der guten Frau für die Informationen und wandte mich zum Gehen. Doch da hatte ich die Rechnung ohne den Wirt gemacht. Die Tante wollte mich partout nicht wieder fortlassen. Sie tätigte einen Telefonanruf, von dem ich außer dem Wort *alemán* keine Silbe verstand. Danach bedeutete sie mir, im Wohnzimmer Platz zu nehmen und zu warten. Gespannt auf das, was kommen würde, tat ich ihr den Gefallen. Während ich also mit meinem kleinen Rucksack zwischen den Knien in einem bequemen Selssel saß und wartete, servierte sie mir süßen Kaffee ohne Milch und ein Glas Wasser. Nach einer kleinen Weile wurde mein Warten belohnt mit dem Auftauchen von Gustavos großem Bruder, der Gregorio hieß. Er sprach recht gut Englisch, denn er war längere Zeit in den Staaten gewesen, so daß wir uns ohne Probleme verständigen konnten. Ohne Umstände eröffnete ich ihm, daß ich seinen Bruder eigentlich kaum kennen würde und nun einfach weiterreisen wollte. Außerdem bat ich ihn, sich in meinem Namen bei der Tante für den Kaffee zu bedanken. Letzteres tat er ohne Umschweife, doch Ersteres, die Sache mit dem Weiterreisen, kam für ihn überhaupt nicht in Frage. Er bestand darauf, daß ich ihn zu der Wohnung seiner Mutter begleitete. Nachdem ich eine Weile, zugegebener Weise etwas lahm, abgewehrt hatte, fügte ich mich seinem Wunsch. Einerseits war Gregorio mir sympathisch und ich war froh, jemanden getroffen zu haben, mit dem ich kommunizieren konnte. Andererseits lockte mich die Aussicht auf einen kostenlosen Schlafplatz und eine Dusche. Ich reiste mit einem sehr bescheidenen Budget, das ich mir mit einigen kleineren Gaunereien in Berlin verdient hatte, die hier nicht zur Debatte stehen sollen.

Das Sammeltaxi, ein klappriger Toyota Landcruiser J45, brachte uns in die grünen Hügel von Caracas´ Außenbezirken, wo die Reichen hinter massiven Stahlzäunen in schmucken Hochhäusern wohnten. Vor den Toren dieser Wohnanlagen verhinderten uniformierte Wächter mit Pumpguns und Maschinenpistolen das Eindringen einer feindlichen Außenwelt. Gregorio wohnte mit seiner Mutter, deren Namen ich nie erfuhr und einem weiteren Bruder namens Gilberto in einer hübschen Wohnung mit Aussicht auf den majestätischen Ávila Gebirgszug. Gilberto war mit seinen einundzwanzig Jahren der jüngste der drei Brüder. Gregorio war schon dreißig und Gustavo im Jahr seiner

Hochzeit achtundzwanzig. Fortan wurde mir eine Gastfreundschaft zu Teil, wie ich sie nicht für möglich gehalten hätte.

Der Vater der drei Jungen war vor einigen Jahren gestorben, ihre Mutter somit verwitwet. Sie war eine gutaussehende schlanke Blondine in den Fünfzigern, die ihr Haar in einem halblangen Pagenschnitt trug und ein unglaublich schnelles Spanisch sprach. Jedes dritte Wort, das aus ihrem Mund kam lautete *cono*. Von einem aus Asturien stammenden Kumpel in Berlin, der den Ausdruck auch oft und gerne im Munde führte, wußte, daß es sich dabei um ein Kraftwort handelte, welches sich auf das weibliche Geschlechtsteil bezieht. Ansonsten verstand ich nichts von dem, was sie sagte und wir waren in unseren Unterhaltungen auf ihre Söhne als Übersetzer angewiesen. Ihr Englisch beschränkte sich komplett auf die beiden Vokabeln *„Hey you!"*, von denen sie fröhlich ausgiebigen Gebrauch machte.

In den nächsten Tagen bekam ich ein tolles Touristenprogramm geboten. Sie zeigten mir den Plaza Bolivar mit der imposanten Reiterstatue des Befreiers des südamerikanischen Kontinents vom spanischen Joch und erklärten mir, was der Held alles vollbracht hatte. Auf diesen Sohn der Stadt ist man in Caracas besonders stolz. So stolz, daß man sogar die Landeswährung nach ihm benannt hat. Wir besahen uns die Capilla de Santa Rosa de Lima und aßen heiße Maiskolben an einem Straßenstand. Abends unternahmen wir Spritztouren im roten Kleinwagen der Mutter. Vor dem Ausgehen wurde stets sorgfältig darauf geachtet, daß ich meinen Reisepass bei mir trug. Ohne Papiere in Venezuela in eine Kontrolle zu geraten, kann äußerst unangenehme, mithin tödliche Folgen haben. Einmal kamen wir bei einer solchen Gelegenheit zu später Stunde am Haupttor der Polizeikaserne vorbei, aus dem sich ein nicht enden wollender Strom von Jeeps und Pick Ups ergoß. Die Uniformierten auf den Ladeflächen waren sämtlich mit schweren Sturmgewehren bewaffnet. Gregorio erklärte mir, wir würden gerade Zeugen des Beginns eines bedeutenden Einsatzes, der diese Truppe in die *cerros* führen würde. *Cerros* bedeutet „Hügel" und ist ein Synonym für die Armenviertel, die entlang von Berghängen viele Großstädte Südamerikas säumen. Später lag ich in meinem Bett und lauschte bei offenem Fenster nach Schüssen, konnte aber keine hören, weil die *cerros* viel zu weit entfernt waren von der feinen Gegend, in der ich logierte.

Wenn wir nicht in der Stadt unterwegs waren, rauchten Gilberto und Gregorio in der Wohnung Grasjoints mit mir. Während die blonde Mutter in der Küche herumwerkelte, gingen wir zu diesem Zwecke ins Badezimmer, wo wir ungestört waren. Den Rauch bliesen wir durch ein kleines Fenster in den Lüftungsschacht, der mittig das Gebäude durchlief. Um es zu erreichen, mußte man auf den Rand der Badewanne steigen. Die Mutter tat so, als röche sie nichts und buk in der Küche fleißig Tortillas, wie in Venezuela die dicken, nach Art der Karibikbewohner in Öl frittierten Maisfladen genannt werden, die so ganz anders sind als ihre grazilen mexikanischen Gegenstücke, welche man auf einer dünnen Tonscheibe, dem *comal*, ganz ohne Einsatz von Fett röstet.

Einmal revanchierte ich mich für all diese Aufmerksamkeiten, indem ich vorschlug, für alle das Abendessen bereiten zu wollen. Kochende Männer sind in Lateinamerika eine rare Spezies. Neugierig ließ man mich gewähren. Ich besorgte ein Kaninchen, Zwiebeln, Sahne und Kartoffeln und kochte uns einen Kaninchentopf. Meine Küchenleistung war zuerst von einigem Mißtrauen begleitet, mundete aber am Ende allen nicht schlecht. Ich bilde mir ein, ganz gut kochen zu können.

Am Ende meiner ersten Woche in Caracas unternahm Gregorio mit mir eine Reise nach Tacarigua de la Laguna. Hier befindet sich die Mündung der gleichnamigen riesigen mit Mangroven bewachsenen Lagune, die einen Nationalpark beherbergt und von allen nur *la Gran Laguna*, die Große Lagune genannt wurde. Im Vorfeld hatte ich die Absicht geäußert, nun bald weiterreisen zu wollen, da ich ja meine Verabredung in Mexiko hatte und die Reise dorthin auf dem Landweg und per Schiff noch weit war. Sowohl die blonde Mutter als auch ihre beiden dunkelhäutigen Söhne waren indes unisono der Meinung gewesen, ich solle auf jeden Fall noch einige Tage warten, bis mein „Freund" Gustavo mitsamt seiner frischgebackenen Ehefrau wieder zurück in Caracas sei. Es ging auf keinen Fall, daß ich abreiste, ohne ihn wenigstens gesehen zu haben. Um mir die Wartezeit zu verkürzen, ging es also mitsamt Gregorio an den Strand.

In Tacarigua de la Laguna fehlt dem Wasser der Karibik das klare Blau, das ich von den Grenadinen her kannte. Es war trübe und aufgewühlt. Der lange Strand war weder besonders vermüllt, noch sonderlich aufgeräumt. Wir nächtigten in einem Schuppen, der voll mit

Netzen hing und trafen Freunde Gregorios, mit denen wir abends Fisch am Lagerfeuer grillten. Einer dieser Freunde, Juan, ein schlaksiger Junge, etwa in meinem Alter, war ein Mestize mit schulterlangen, schwarzen, glatten Haaren. Er erteilte mir meinen ersten Spanischunterricht und brachte mir bei, wie man in der Lagune bis zur Brust im Wasser stehend, mit der Wurfleine Welse fing. Diese Fische mit den Fäden am Maul werden in der Landessprache *bagre* genannt. Sie verfügen über spitze Stachel an der Rücken- und den beiden Seitenflossen, vor denen man sich hüten muß und sind sehr schmackhaft. Eine Kajakerkundung der Lagune, in der es vor Kaimanen nur so wimmeln soll, fiel leider flach, weil mir für das schlanke Gefährt der nötige Gleichgewichtssinn fehlte. Den erlernt man nicht einfach so an einem halben Nachmittag. Kaum war ich ein paar Meter gepaddelt, machte es „Platsch“ und ich konnte zusehen, wie ich mich selbst und meinen schönen, samtenen, grün-schwarzen Schirmkappenzylinder, den ich mir an einem Straßenstand in Port-au-Prince gekauft hatte, vor dem Absaufen rettete.

Am Abend des dritten Tages kehrten wir nach Caracas zurück. Am nächsten Vormittag traf ich in der Wohnung der Tante, meiner ersten Anlaufstation, anläßlich einer kleinen Feier zu Ehren des heimgekehrten Jungvermählten und seiner Frau, mit Gustavo zusammen. In einem stillen Moment nahm er mich beiseite und sagte zu mir auf Deutsch:

„Ich habe meiner Familie nicht gesagt, daß wir uns eigentlich gar nicht kennen.“

Mir war unendlich peinlich zumute. Ich entschuldigte mich und versprach, am nächsten Tag abzureisen. Nach einem lahmen Erklärungsversuch blieb mir am Ende nichts weiter übrig als zu bemerken, daß ich selten in meinem Leben mit solch exquisiter Gastfreundschaft bedacht worden bin, wofür ich sehr dankbar sei. Zurück in der Wohnung verkündete ich prompt meine Pläne für die morgige Weiterreise. Dies wurde widerspruchslos akzeptiert und die Mutter versah mich mit der Adresse eines Freundes, der oberhalb Meridas, am Rande der Nebelwälder von Pico Humboldt und Pico Bolivar ein kleines Häuschen besaß. Von dort aus konnte ich weiterreisen Richtung Cucuta, das bereits in Kolumbien liegt.

Es war also an meinem letzten Abend, als ich gemeinsam mit Gregorio und Gilberto im Badezimmer herumhing und Marihuanaqualm in den Lüftungsschacht blies. Als ich danach in die Küche trat, sah mir die Mutter direkt in die Augen. Ich muß ganz schön bekifft und ertappt aus der Wäsche geschaut haben. Aber sie tat so, als bemerkte sie nichts. Vielmehr sagte sie mit einem geheimnisvollen Lächeln: „Hey you! Surprise“, und bedeutete mir mit dem Zeigefinger, ihr zu folgen. Während ich ihr aus der Wohnung heraus zum Aufzug folgte, fragte ich mich, wer ihr wohl die neue Vokabel beigebracht haben mochte. Ich tippte auf Gilberto. Die Aufzugstür schob sich zur Seite. Wir traten ein und sie drückte den obersten Knopf. Während es nach oben ging hatten wir uns nicht viel zu sagen. Irgendwann schwang sie ihre hübschen Lippen zu einem neuen Lächeln und sagte wieder: „Hey you! Surprise.“

Im obersten Stockwerk angekommen traten wir in einen schummrigen Flur. Sie führte mich zu einer mit dunklem Tropenholz furnierten Tür und klopfte an.

Die Tür schwang auf und einen winzigen Moment lang hoffte ich, daß meine bekifften Synapsen mir einen Streich spielten. Die Erkenntnis, daß dem nicht so war, durchzuckte mich wie ein Stromschlag. Es war Hitlers Reichspropagandaminister der den Kopf zur Tür herausstreckte und ertappt zurückzuckte. Doch das begriff ich erst viel später.

Instinktiv jedoch wußte ich sofort: In der Tür stand leibhaftig einer jener berüchtigten, nach Südamerika entfleuchten Nazi-Superverbrecher. Der Schreck in seinem Gesicht ließ keinen Zweifel. Er war über mein plötzliches Erscheinen mindestens genauso geschockt, wie ich über seines. Das hohe Alter paßte auch. Mein Problem in diesem Augenblick war, daß ich Goebbels nur mit dem Unterbewußtsein erkannte. Das Gesicht dieses Mannes hatte ich schon oft gesehen, auf schwarzweiß Fotos und Filmaufnahmen. Dennoch gelang es dieser Erkenntnis nicht, aus dem Verborgenen meines Verstandes die Brücke zu meinem Bewußtsein zu schlagen. Dieses Gesicht konnte nicht mehr, durfte nicht mehr lebendig sein in Fleisch und Blut. Mein Unterkiefer klappte nach unten. Mit einem Schlag war mein Körper von Adrenalin durchtränkt. Ich starrte ihn in höchster Alarmbereitschaft mit offenem Mund an wie eine Bestie, die jederzeit auf mich losgehen konnte. Die Erscheinung vor mir stand für einen Großteil all dessen, das ich an einem bestimmten Punkt in meinem Leben zu hassen beschlossen hatte.

Die „Surprise“ jedenfalls war der Mutter gelungen. Äußerlich war der Mann vor mir war ein sehr hochbetagter Greis von kleiner Statur. Gekleidet war er, trotz der Privatheit seiner Umgebung, sehr korrekt. Er trug eine dunkelbeige Breitbandcordhose, dazu eine graue Weste, ein farblich darauf abgestimmtes Hemd und eine floral gemusterte Krawatte in dezenten Rot- und Grüntönen. Alle Sachen waren, soweit ich das beurteilen konnte, von ausgesuchter, teurer Qualität und wahrscheinlich maßgeschneidert. An den Füßen trug er schwarze Lederschuhe, von denen einer eine orthopädische Sonderanfertigung war. Er hat einen Klumpfuß, schoß es mir durch den Kopf. Damit würde man ihn sicher einfach identifizieren können, schoß es mir durch den Kopf. Und wußte einfach nicht, welcher aus dem Kreis der Obernazis es war, der mit einem Bügeleisenfüßchen durchs Leben spazierte.

Ich habe mich als junger Mensch recht ausgiebig mit dem Terror und den Verbrechen der Nationalsozialisten beschäftigt. Ich kannte die Bilder der amerikanischen Wochenschauen von der Befreiung der KZs, die Leichenberge, die ausgemergelten, skelettartigen Körper und hatte einiges an Literatur von Holocaustüberlebenden verinnerlicht. Immer war es der Blickwinkel der Opfer, dem ich meine Aufmerksamkeit gewidmet hatte. Biografien etwaiger Nazigrößen interessierten mich nicht die Bohne. Was gingen mich die Leben dieser Arschlöcher an? Sie hatten für mich nie auch nur den Hauch einer Faszination gehabt. Aus dieser Ignoranz heraus wußte ich in jenem Augenblick nicht, wen ich vor mir hatte. Eins jedoch war klar: er mußte ein hohes Tier sein. Ohne zu Zögern ging er wie selbstverständlich davon aus, daß ich ihn erkannt hatte.

Meine Gastgeberin realisierte, daß sie in ein gewaltiges Fettnäpfchen getreten war. Hilflos die Hände ringend und immer noch – wenn auch dümmlich – lächelnd, wich sie einen Schritt zurück. Der Klumpfüßige und ich sahen uns in die Augen.

„Sind Sie Deutscher?“, fragte er mich. Woraufhin ich bedächtig nickte und endlich meinen Unterkiefer wieder nach oben klappte.

Ich steckte in einer Zwickmühle. Einerseits empfand ich einen geradezu körperlichen Widerwillen gegen dieses Monster in Menschengestalt, das sich da vor meiner Nase materialisiert hatte. Andererseits konnte ich Gustavos Mutter nicht düpieren. Zu herzlich, zu überwältigend war ihre Gastfreundschaft gewesen. Aus den Augen des Greises, der sich erstaunlich schnell von seinem Schreck erholt hatte, sprach kalte Intelligenz. Obwohl bald hundert Jahre alt, war er hellwach und wirkte erstaunlich rüstig. Seine bestialische Bosheit schien ihn gut konserviert zu haben. In seiner Schlauheit durchschaute er mein Dilemma und machte einen Schritt zur Seite. Peinlich darauf bedacht, ihm nicht die Hand zu reichen, betrat ich seine Wohnung.

Die Panoramafenster des Penthouse-Apartments wiesen hinaus auf das Blau der karibischen See. Im Wohnzimmer standen zwei großzügige, geschmackvolle, mit dunklem Leder bezogene Sofas im Bauhausstil – funktionell und komfortabel. Wir nahmen einander gegenüber Platz. Die Wohnung war hell, freundlich, sehr gepflegt und aufgeräumt. Ich ließ den Blick umherschweifen. Einige Ölgemälde, keines besonders großformatig, schmückten die Wände. Ich glaube, es handelte sich um Werke von Impressionisten, habe aber damals mir nicht die Zeit genommen, sie genauer zu betrachten. Der klumpfüßige Greis brach unser Schweigen, indem er ungefragt davon berichtete, wie er nach verlorenem Krieg über Italien und Spanien „entkommen“ sei. Bemerkenswert war der Akzent, mit dem er sein Hochdeutsch sprach. Er sprach im selben Tonfall wie ich. Dies war weder ein Süddeutscher, noch ein Preuße, Schlesier oder Hanseat. Der Mann war Rheinländer. Ich hakte nach:

„Mit dem Schiff?“

Ich glaube, dieses waren die ersten Worte, die ich an ihn richtete. Bereitwillig antwortete er: „Ja. Mit dem Schiff.“

Auf einmal wirkte er fast gerührt, ja dankbar über meine Anwesenheit und sah mich wohl als eine Art Botschafter des jungen Deutschlands, das er nicht mehr kannte.

„Ich glaube, ich gehe jetzt besser,“ sagte ich.

Er führte mich zur Tür und ließ mich hinaus in den Flur. So wie ich ihm beim Eintreten den „Guten Tag!“ verweigert hatte, so wenig wünschte ich ihm nun ein „Auf Wiedersehen!“. Ich empfand nichts als Verachtung für ihn und war froh, als seine Wohnungstür sich hinter mir schloß.

Am nächsten Morgen wurde ich zum Busbahnhof chauffiert, wo ich in den Bus Richtung Merida stieg. Hinter der Adresse in den Bergen verbarg sich ein klitzekleines traditionelles Haus aus Holz und Lehm, dessen Dach mit Mönch-Nonne-Ziegeln gedeckt war. Der Besitzer war nicht anwesend, denn er nutzte es anscheinend nur als Wochenendsitz. Der Adresszettel in meiner Hand reichte, daß die Nachbarn, die einen Schlüssel hatten, mir aufschlossen.

Es war ein Haus in den Wolken. Als nachmittags der Nebel kam, sah man die Haut vor Augen nicht mehr.

Nachts war ich froh über die Wolldecken, mit denen das Bett in dem einzigen Raum des Häuschens bezogen war, denn es wurde empfindlich kalt.

Am nächsten Morgen unternahm ich einen Spaziergang, auf dem ich versuchte, einen Blick in den Nebelwald zu werfen. Dort lernte ich am eigenen Körper kennen, was es bedeutet, wenn von undurchdringlichem Dschungel die Rede ist. Nach wenigen Metern trat ich mit zerschrammter Haut den Rückweg an. Meine Gedanken waren bei der Begegnung mit dem alten Nazi. Mir war klar: Mein erster Weg hätte mich zur israelischen Botschaft führen müssen.

Während ich in der zweiten Nacht bei Kerzenschein las, kroch ein Hirschkäfer, groß wie meine Hand neben meinen Kopf. Als ich das Licht ausblies, blieb er an seinem Platz und wachte über meinen Schlaf. Am nächsten Morgen war er verschwunden.

Heute, wo ich mir endlich ein Herz gefaßt habe diese Begebenheit aus meinem Leben zu Papier zu bringen, frage ich mich, ob ich wohl heute noch am Leben wäre, um zu berichten, hätte ich damals nicht so feige die Flucht angetreten. Damals gab es noch kein Google, und so tappte ich lange im Dunkeln, wen genau ich da an jenem Nachmittag in Caracas vor mir gehabt habe. Als ich nach langen Jahren die beiden Worte *Nazi* und *Klumpfuß* in die Suchmaschine eingab, bekam ich einen Treffer, mit dem ich dann doch nicht gerechnet hatte: Damals, an jenem bekifften Nachmittag in Caracas hatte ich eine Begegnung mit dem todgeglaubten, leibhaftigen Monster Joseph Goebbels gehabt. Ich besah mir die Bilder des Monsters und glich sie mit meiner Erinnerung ab. Ja, er war sehr alt geworden. Und ja, es war das gleiche Gesicht. Alle Puzzlestücke passten; sogar Gustavos Engagement beim Fernsehen. Ich vermute, hier hatte Goebbels die Finger im Spiel. Im Showbusiness kannte sich der Erschaffer des Systems der Filmförderung ja bestens aus.

Berlin-Trilogie

Rinderknochen im Kindersarg

Auch in der sozialistischen Landwirtschaft wurden Rinderkälbchen von Kinderhändchen gestreichelt. So geschehen an einem goldenen Herbstnachmittag des Jahres 1988, im Großraumstall einer namenlosen LPG, irgendwo im märkischen Sand gelegen, wo es beißend scharf nach gülligem Ammoniak und saurer Milch stank. Die siebenjährige Mandy durfte zu dieser Stunde ihren Vater Heiko, von der Rinderbrigade, auf die Arbeit begleiten. Zu Mittag hatte es Flecksuppe mit Graupen gegeben, von der Mutter gekocht. Beide waren satt und fühlten sich großartig. Während Heiko geschäftig mit seinem Traktor der Marke Belarus MTS 50, aus sowjetischer Produktion, Silofutter in die Betontröge beförderte, war Mandy in den Schatten herumgestrolcht, zwischen blökenden Rindviechern, unter einem Dach aus gewellten Baufanit-Platten, von denen fleißig die Asbestfasern rieselten. Eifrig mampften die Kühe – Rasse Schwarzbuntes Milchrind – die Silage. Sie füllten ihre Pansen damit sie weiterhin tapfer Milch für die sozialistischen Massen liefern konnten.

Dort, im Gedränge der Tierkörper, entdeckte die kleine Mendy, zwischen den Beinen der Mutterkuh, das Kälbchen. Es war gerade erst geboren wurden. Mandy ging hin und sah zu, wie die Mutter es sauber leckte. Es sah Mandy so süß aus kleinen, zutraulichen Kälberaugen an, daß das Mädchen nicht anders konnte, als es zu streicheln. Das Muttertier muhte und ließ es zu. Das Kälberhaar hinter den Ohren war weich und noch ein wenig feucht. Sie sah dem Neugeborenen unter den Bauch, um zu erkennen, ob es ein Männchen oder ein Weibchen war, erkannte den Bullen und sagte: „Ich nenne dich Erich."

Wer weiß, vielleicht war es Vorsehung, vielleicht war es Zufall. Doch auch im Tod sollte das, inzwischen zu einem stattlichen Stier herangewachsene, Bullenkälbchen Erich, jene Nähe zum Menschenkind finden, die ihm bereits so kurz nach seiner Geburt beschert worden war.

Sozialismus und DDR vergingen und machten den Weg frei für die Freiheit und den Kapitalismus, den Menschen des Ostens sich, nach so langer Abstinenz, mit innbrünstiger Begeisterung und Raubtiermanier zu Eigen machten. Wie der Pfingstochse mit bunten Bändern geschmückt wird, so schmückten sie den Kapitalismus mit bunten Wörtern, mit Treuhand und Privatisierung und Abwicklung und Franchise. Die LPG fiel in die würgenden Hände eines windigen Geschäftsmanns aus Darmstadt, der nach Art der Hyänen nicht zögerte und sofort daran ging, sämtlichen Kühen den Garaus und sich selbst nach kürzester Zeit, mit dem Kadavergewinn in der Tasche, aus dem Staub zu machen.

Dies war also der Hintergrund, als wiederum an einem, diesmal allerdings regnerischen, Herbsttag des Jahres 1990, der nunmehr zwei Jahre alte, nun stattlich gewordene Bulle Erich, gemeinsam mit 30 anderen angstvoll blökenden Mitgliedern seiner Herde, in einen nagelneuen, chromblitzenden Tiertransporter der Marke Mercedes Benz verladen und Richtung Berlin gekarrt wurde. Dort, im Stadtteil Friedrichshain, an der

Eldenaer Straße, befand sich der alte Zentralvieh- und Schlachthof, das DDR-Auschwitz für Tiere.

Zwischen gelben Backsteinwänden wurden die Rinder abgeladen. Ein alter Schlachter, der morgens schon seine Opfer mithilfe von braunem DDR-Schnaps der Marke Goldbrand tot trank, setzte dem zwischen Stahlbarren eingezwängten Erich das Bolzenschußgerät auf die Stirn, sah dem stummen Stier abgestumpft gleichgültig in die angstvoll aufgerissenen Augen und stanzte ihm ein Loch ins Hirn.

Am Ende der Geschichte des lebendigen Bullen Erich beginnt die des toten: Erich wurde, ausgeblutet, gehäutet, enthauptet, seiner Hufe beraubt, in zwei Hälften gesägt, im Kühlraum an zwei Haken gehängt, zwei Wochen abgehangen, säuberlich zerlegt, ausgebeint, seine Markknochen in Scheiben gesägt.

Ausgelegt in der Fleischtheke des Supermarkts Bolle, an der Invalidenstraße, im Bezirk Mitte, unweit des Mauerabschnitts Bernauer Straße, schräg gegenüber des II. Sophien-Friedhofs, von dem die Kommunisten seinerzeit einen breiten Streifen abgeschnitten, entwidmet und zum Todesstreifen umfunktioniert hatten, fanden diese Markknochen die Aufmerksamkeit eines gleichermaßen versoffenen, wie verkaterten Punkers, der auf den Spitznamen Yeti hörte. In Yetis Einkaufswagen lagen eine Tüte Haferflocken, eine Dose Hundefutter, ein Liter Milch. In den Taschen seiner lässig über die Schulter gehängten, nietenbesetzten Lederjacke, steckten ein Stück Käse, ein halbes Pfund Butter und eine Packung Cervelat-Wurst, die er allesamt, während unbeobachteter Momente zwischen einsamen Regalreihen, unauffällig dort hinein befördert hatte. In einem der beiden Ärmel seiner Jacke hatte er außerdem noch eine Flasche Wodka Gorbatschow verstaut. In seiner Hosentasche hingegen steckten, in Form von zusammengeschnorrten Kleingeld, ungefähr sieben Deutsche Mark. Er überschlug mit einiger Mühe kurz im Kopf, daß diese auch noch für einen Markknochen reichen würden und beschloß, seiner draußen auf dem Bürgersteig, ohne Leine wartenden Schäfer-Rotti-Riesenschnauzer Mixtur namens Schrat, eine Freude zu machen. Kurz entschlossen bestellte er bei der süßen rothaarigen Fleischereifachverkäuferin den Knochen. Sie reichte ihn ihm, abgepackt und mit Preisschild versehen, mit einem Lächeln über die Theke.

„Danke. Und jetzt will ich noch eine Scheibe Fleischwurst. So wie früher, mit Mami."

Sie setzte ein neues Lächeln auf ihre zarten Lippen und nahm mit der Wurstgabel eine Scheibe vom frisch aufgeschnittenen Stapel, den sie ihm auch über die Theke reichte.

„Wo ist denn Ihre Mami? Ick seh sie nirgends."

Yeti stopfte sich die Wurstscheibe in den hungrigen Mund.

„Tot."

Seine Einkäufe trug Yeti in das besetzte Haus Bergstraße 64, wo er wohnte. Er schloß die schwere Haustür auf. Noch im Hausflur, packte er den Knochen aus und gab ihn dem schwanzwedelnden Schrat, der es kaum erwarten konnte und sofort begann, lautstark an dem, längst anonym gewordenen Stück Erich, herum zu nagen.

Im Hausflur stank es nach Buttersäure. Irgendwelche Terrorlesben aus einem der anderen besetzten Häuser –

Yeti hatte vergessen, welchem – hatten die Attacke durchgeführt, weil ihrer Meinung nach, in der Bergstraße 64 Kinder gefickt wurden. Es stimmte zwar: das jüngste der Mädchen, die in diesem Haus lebten war wirklich erst vierzehn und somit wohl noch ein Kind. Sie hieß Nicole und wurde tatsächlich regelmäßig gefickt – und zwar von ihrem Freund Schmuddel. Der war fünfzehn. Also war es Kinderfickerei. Nur Yeti verstand nicht, was daran so schlimm sein sollte. Terrorlesben waren seiner Erfahrung nach allesamt Vegetarierinnen und hatten keine Ahnung von Spaß und von Punk schon gar nicht. Da konnten sie sich noch so sehr die Dreadlocks bunt färben. Die Buttersäure war eine Gemeinheit. Sollten sie die doch bei den Faschos reinschütten, oder bei den Bullen. Aber das trauten die sich natürlich nicht.

Nachdem Schrat genug an dem Markknochen herumgenagt hatte, ergatterte Schmuddels Hund Pino ihn, eine undefinierbare Mischung diversester Hunderassen, in der aber auf jeden Fall auch der Teckel vertreten und für Pinos Kurzbeinigkeit verantwortlich war, ihn für ein paar ungestörte Augenblicke, bis Schrat den Diebstahl merkte und Pino eine ordentliche Abreibung verpaßte. Schrat ließ nämlich kaum eine Gelegenheit aus, auf dem kleinen Kurzbein herumzuhacken. Sollten die Punkmenschen doch so viel Brüllen und protestieren, wie sie wollten. In diesem Punkt war er schwer erziehbar. Pino knabberte an dem Knochen seither nur noch herum, wenn Schrat nicht in der Nähe war. Gypsy hingegen durfte sich den Knochen nehmen, soviel sie wollte, durfte ihn lustig durch die Luft werfen, ihn sich zwischen die Vorderpfoten klemmen, während sie sich rücklings hin und her wälzte und nach Belieben daran knabbern. All das störte Schrat nicht im Geringsten, denn Gypsy war nicht nur ein Weibchen, sondern obendrein auch noch seine Mutter und die Chefin in dem zur Bergstraße 64 gehörenden Rudel.

Irgendwann kamen neue Knochen und das Stück Erich, abgekaut und angegraut, wurde für die Hunde uninteressant. Es fand seinen Platz auf dem Flur im zweiten Stock, wo selbst die Hunde es eines Tages vergaßen. Den Winter über wartete es dort auf den Frühjahrsputz, der es hätte hinwegfegen sollen, aber nie kam. Den Sommer über wartete es auf den Herbstputz, der aber auch nie kam. In der Bergstraße 64 wurde nicht geputzt, geschweige denn gefegt.

Sie kamen aus Werneuchen, Bayern, Bernau und Bonn, aus West- und Ost-Berlin, aus Polen, Portugal und Spanien. Die Wohngemeinschaft wuchs und schrumpfte. Nach einem Jahr zählte Yeti schon zum Urgestein und konnte dem Fischkopf Nutella aus Rostock erklären, daß man als Punk keinen Schnauzbart trug, blonder Irokese hin oder her. Nutella kapierte das auch und rasierte sich fortan die Oberlippe.

„Geil. Das ist ja noch ein richtig fetter DDR Plastikbomber. Die Dinger sind die geilsten. Unkaputtbar. Leihste mir den?“

Es war Winter; ein eiskalter, grauer Berliner Winter, der nach Braunkohle, Hundehaufen und blauen Trabbi-Abgaswolken stank. Ein Ölradiator neben Yetis Matratze sorgte für ein wenig Wärme. Durch das notdürftig mit eienr Plastiktüte und Tesafilm gestopfte Loch in der Fensterscheibe zog es wie Hechtsuppe. Andauernd knallte die Sicherung durch, weil alle mit

Strom heizten, weil alle zu faul waren Kohlen zu klauen und weil die alten Kachelöfen sowieso so zugerußt waren, daß man sie kaum heizen konnte, ohne Angst haben zu müssen, an einer Kohlenmonoxidvergiftung zu krepieren.

„OK. Aber Wiedersehen macht Freude."

Diese Freude sollte Yeti versagt bleiben. Er sah seine Rasiermaschine nie wieder. So war das halt unter Punks. Mit frisch ausrasiertem Iro, den er sich mit Directions Flamingo Pink gefärbt hatte, ging er runter zu den anderen in den Proberaum im Keller. Im Flurhinter der Kellertür rauschte aus der rostig leck geschlagenen Frischwasserleitung ein ordentlicher Wasserfall. Darüber spannte sich knisternd und funkensprühend der Lichtbogen aus dem dicken Kabel des Starkstrom Hausanschlusses. Gitarrenmarko drehte nach jedem Stromausfall eine stärkere Sicherung ein. Mittlerweile waren sie bei 25 Amper. Marco war ein genügsamer Mensch. Wenn er wollte, kam er sogar ohne Speed und LSD und Bier klar. Aber er brauchte Strom für seine Gitarre!

Er spielte auch wirklich gut – meistens Black Sabbath und so, aber auch eigene Sachen. Als Yeti ins Rotlicht des Proberaums eintauchte, improvisierte er gerade einen Riff. Der seit seiner Chemo glatzköpfige Knut aus Frankfurt, der sein armes Hirn mit Stechapfelsamen malträtierte und eigentlich ganz dringend stationäre psychiatrische Hilfe brauchte, drosch im 16tel Takt auf die Schlagzeugbatterie ein. Knut war völlig gaga, aber Schlagzeug konnte er erstaunlich gut. Jesus, der Deutsch-Spanier, der Alki, marterte das Mikrofon. Von

Singen verstand er nicht die Bohne. Das störte niemand, weil er so ein cooler Typ war.

Auf dem vibrierenden Verstärker brannte flackernd eine Kerze auf einem Totenkopf. Die komplette Bandausrüstung hatte Gitarrenmarco irgendwelchen anderen Bands geklaut. Den Totenkopf hatte er sich geliehen.

Yeti hatte ein Sixpack Schultheiss dabei. Er warf sich in den Filzsessel in der Ecke, riß die Pappverpackung auf, ploppte den Kronkorken mit seinem Feuerzeug weg, trank, drehte sich eine Kippe, rauchte, hörte der Musik zu. In dem engen Kellerraum war es ungeheuer laut, feuchtklamm und kalt. Das Bier schmeckte scheiße. – Nazipisse. Aber es war die einzige Sorte, die Kalle in seinem kleinen Dönerladen verkaufte. Der Bolle hatte schon zu. Typisch Ossi, fand Yeti: erst auf die Ausländer schimpfen, dann selber Döner verkaufen, weil alle total auf Döner stehen und es dann noch nicht mal drauf haben und das Press-Spahn-Lammfleisch halbroh und labbelig ins Fladenbrot packen. Sowas würde einem Türken nie passieren. Ein Brocken Döner kam ihm zusammen mit einem Schwall Bierschaum wieder hoch, während er so in dem Sessel saß und den anderen zuhörte und zusah. Er kaute ihn noch einmal gründlich durch und schluckte ihn wieder runter.

Döner-Kalles nikotingelbe Finger hatten gezittert, als er das Fleisch vom Drehgrill schnitt. So richtig hygienisch war sein Laden wirklich nicht. Er hatte ja noch nicht mal einen Wasserhahn in seinem Büdchen, um sich die Hände zu waschen. Das Zittern lag weder am Alk-Flattermann, noch an der eisigen Kälte, sondern vielmehr an den beiden Glatzen mit ihren grünen

Bomberjacken, die sich hinter Yeti gestellt hatten um höflich abzuwarten, bis ihm sein Döner serviert worden war. Erst dann hatten die beiden die Ellenbögen auf das Bestellbrett gelegt und Kalle ihr freundlichstes Haifischlächeln geschenkt. Der Größere übernahm das Sprechen.

„Du schuldest uns doch noch was."

Kalle hatte in die Kasse gegriffen und die Scheine rausgezählt.

„Wir nehmen auch noch eine Stange West. Haste doch eh von die Fidschis gekauft. Betrügst doch den deutschen Fiskus, nicht wahr, Alter?"

Er hatte auch noch die Stange West rausgerückt und Yeti sich Dönermampfend getrollt.

Uwe beendete ein atemberaubendes Solo und kreuzte die beiden Drumsticks über dem Kopf.

„Ich bin der Onkel Knut, der Onkel Knut."

Dabei grinste er reptil-debil.

Yeti spülte ein zweites wiedergekautes Stück Döner mit einem Schluck Pils herunter, als der Teppich vor dem Eingang zur Seite geschoben wurde und ein hagerer Heavy Metal Freak mit schwarzer Motorradjacke und schwarz gefärbter Mähne und Pony, dahinter sichtbar wurde. Die drei Musiker ließen den Krach sein. Jesus nahm Yetis Sixpack und hielt es jedem unter die Nase. Uwe griff eine Flasche, Gitarrenmarco auch. Der Heavy Metal Freak zögerte.

„Ich trink nur Becks."

„Ham wir nicht."

„Na OK. Ausnahmsweise."

Wie sich herausstellte, hieß der Metaller Manne und wollte seinen Totenschädel zurück. Er blieb nicht lange, blieb einsilbig, hatte keine Zeit für die Punks, verachtete diese Ratten, dieses Rattenloch von einer Abbruchbude. Warum gab sich Marco überhaupt mit ihnen ab? Als das Bier gestürzt war, stellte er es auf den Verstärker neben den Schädel. Er brach die Kerze von dem Schädel und drehte sie auf den Flaschenmund. Dann klemmte er sich den Schädel wie eine Aktenmappe unter den Arm und war wieder weg.

„Plenum!"

Sabines schnarrige Stimme plärrte in voller Lautstärke durch die Flure.

„Plenum!"

Schon wieder! Plenums waren ihre Spezialität. Ihre neueste Frisur war ein rasierter Hinterkopf, auf den sie sich mit Schminke ein Smiley-Gesicht gemalt hatte und über der Stirn eine Kastanienbraune Locke. Sie hatte einen göttlichen Körper, wußte immer ganz genau, was sie wollte und war knallhart. Als alle im Gemeinschaftsraum versammelt waren, legte sie los.

„Punkt eins: Heute ist Führers Geburtstag."

Oh Gott. Jetzt spinnt sie wirklich, dachte Yeti. Es war Frühling geworden. Die Vögel zwitscherten und er hätte den Kater aus seinem Schädel am liebsten hinausgejagt ins Freie, zum Vögelkillen.

„Während ihr gepennt habt, hat der Hausmeister, der Arsch, mit seinen Kumpels einen Molli aufs Haus geworfen."

„Was?"

„Ja. Ich hab ihn noch in ihren scheiß Trabbi springen und wegfahren sehen. Zum Glück hat er das Fenster nicht getroffen. Aber jetzt haben wir einen schwarzen Fleck an der Wand."

„Zum Glück haben wir die Fenster im ersten Stock verrammelt."

Yeti schielte neidisch auf Jesus' Frühstücksbier.

„Allerdings. Zum Glück."

Ganz am Ende der Bergstraße, direkt vor der Mauer gab es eine kleine Grundschule für die Kinder des Kiezes. Die Kinder bekamen von ihren Punker-Nachbarn nicht besonders viel mit, denn wenn sie um viertel vor acht in die Schule gingen, waren die Punks meist gerade erst ins Bett gegangen. Wenn sie mittags aus der Schule kamen, schliefen die noch. Daß Sabine an diesem Tag schon so früh aufgestanden war, lag an ihrer Verrücktheit, die sie schlaflos machte. Der Hausmeister der Grundschule war ein Nazi. Er hatte auch schon mal besoffen mit einem Bajonett in der Hand vor der Tür gestanden und Yeti hatte ihm mit dem Basi ein paar verpaßt. Seitdem war eigentlich Ruhe gewesen. Aber jetzt hatte er anscheinend zu Hitlers Geburtstag eine kleine Grillparty veranstalten wollen. Naja. Daraus war wohl nix geworden. Molli werfen will gelernt sein.

Nutella und Jesus reckten ihre Köpfe aus zwei Fenstern hervor und besahen sich den rußigen Fleck auf dem Putz.

„Das war aber verdammt knapp."

„Punkt zwei:" Sabine hob den Finger. „Knut ist heute Morgen in eine Fixe gelatscht."

„Ist doch egal. Ich hab doch eh schon Krebs, hihihi."

Yeti mochte Knuts irres Lachen irgendwie.

„Ich will mich eh einschläfern lassen. Ohne Scheiß. Ich war vor ein paar Tagen bei meiner Ärztin und wollte mich einschläfern lassen. Wißt ihr, was die gesagt hat? – Soll ich Ihnen eine Einweisung geben? Hat die gesagt. Eine Einweisung!"

„Haha. Ich habe aber keinen Krebs und keinen Bock auf AIDS."

Sabine war nicht zum Scherzen aufgelegt.

„Das war diese Portugiesin, die der Torte immer mitschleppt. Wie heißt die nochmal?"

„Maria."

„Genau Maria. Die will ich hier nicht mehr sehen. Alles klar? Keine Junkies!"

„Alles klar."

„Plenum, alles klar?"

Jeder einzelne gab irgendwie seine Zustimmung zu erkennen. Es klang ein bißchen lahm.

„OK."

„Wenn der Torte die mitgeschleppt hat, " meinte Jesus, "dann soll der sich darum kümmern."

„Genau."

„Wo ist der Penner eigentlich?"

Alle schnatterten durcheinander. Torte war nicht da.

„Torte ist doch selbst ein Junkie."

„Du bist doch nur eifersüchtig auf die Alte."

Das war Nutella und der Spruch war, mit höhnischem Höhö garniert, auf Sabine gemünzt.

„Eifersüchtig? Ich? Wenn der meint, lieber ein Skelett ficken zu müssen, dann bitteschön. Und wenn der jetzt wirklich mit der Alten junkt, dann fliegt der halt auch raus. Das sehe ich völlig unsentimental."

„Du findest schon ´nen neuen Stecher."

„Fick dich, Nutella. Das wirst jedenfalls nicht du sein."

So war sie, die Sabine. – Nie um eine Antwort verlegen.

Die Vögel zwitscherten immer noch. Draußen schien die Sonne durch Schäfchenwolken hindurch. Yeti ging mit Schrat unter knospendem Grün über den Friedhof. Schrat kackte zwischen zwei Gräber. Yeti setzte sich im Schneidesitz auf eine Grabplatte aus verwittertem schwarzen Marmor. Er zog den Tabaksbeutel aus der Tasche. In dem steckten die OCIs und ein kleines Piece. Feinster Plattenmarock. Den rauchte er besonders gern. Er riß einen Streifen Pappe vom Blättchendeckel, rollte einen Filter daraus, benutzte die Grabplatte als Unterlage, klebte zwei Blättchen zusammen, zog Tabakfäden auseinander, verteilte sie sorgfältig auf dem Blättchen, freute sich daß klein Windhauch ihm das schwer machte, zog das Feuerzeug aus der Tasche, hielt die Flamme unter das Haschisch, bröselte, drehte, leckte, steckte an, teerte sich mit süßem, klebrigen, harzigen, blauen Rauch die Lungenflügel, blickte tiefenentspannt zu den frisch begrünten Ahornkronen im Frühjahrssonnenschein empor.

Beim entspannten Ausatmen gab die Grabplatte unter seinem Gewicht nach. Knirschend senkte sie sich in die Tiefe. Er schaffte es gerade noch sich abzurollen, brachte dabei sogar das Kunststück fertig, den Joint weder loszulassen, noch zu zerknittern. Schrat fing aufgeregt an zu bellen.

Ihm war, als hätte der Tod mit eisigen Fingern nach ihm gegriffen. Er nahm einen tiefen Zug von dem Joint und während er den Rauch durch seine Nasenlöcher strömen ließ, schauderte er. Er ging in die Hocke und warf einen Blick in die Gruft. Modrige Luft schlug ihm entgegen. Er konnte nicht viel erkennen und nahm sich vor, die Tage mal mit einer Taschenlampe vorbeizuschauen.

Der Joint und der Schock machten seinen Mund trocken. Er brauchte unbedingt ein Bier. Zwar war er absolut pleite. Aber das war kein Problem. Die Kohle für ein Bierchen war schnell zusammengeschnorrt. Auf dem Weg zum Bolle kam ihm Maria, die Portugiesin entgegen. Sie war wirklich ganz schön mager. Sie anzuschnorren machte keinen Sinn. Sie war ein Junkie. Junkies nichts freiwillig raus. Junkies klauen. Junkies geben nix. Deshalb hatten sie bei den Punks auch nichts zu suchen.

Sie war noch nicht alt, höchstens Mitte zwanzig. Trotzdem schritt sie schon hurtig dem Lebensabend zu. Vor der Schore muß sie eine echte Schönheit gewesen sein. Er hatte keinen Bock, ihr das Hausverbot kundzutun. Er war doch nicht der Hausbulle. Also lächelte er sie einfach an.

Maria sah ihn gar nicht. – Völlig zugedröhnt. Steckies wie Streichholzköpfe.

Als er an Kalles Dönerladen vorbeikam, stand dort ein alter Lada-Streifenwagen aus VoPo-Beständen und ein Krankenwagen, beide mit rotierenden Blaulichtern. Der Dönerladen war mit Absperrband umspannt. Er gesellte sich zu ein paar Schaulustigen. Im Dunkel des engen Innenraums sah Yeti einen Polizisten und einen Sanitäter bei Kalle stehen. Sie verdeckten seinen Oberkörper. Dafür konnte er Kalles, in Halbschuhen steckende Füße, einige Zentimeter über dem Boden schweben sehen.

Nach diesem Anblick brauchte er das Bier doppelt dringend. Der erste, den er anquatschte, war ein junger Typ mit Basecap.

„Haste mal ´ne Mark?"

Keine Antwort. Der junge Typ tat so, als höre er ihn nicht. Also wurde Yeti lauter.

„Ey. Ich rede mit dir."

Er tat immer noch so, als hörte er Yeti nicht, während er seeelenruhig eine Mark in den Münzschlitz eines Einkaufswagens schob.

„Haste mal ein bißchen Kleingeld?"

Sie war jung und adrett und brünett und stöckelte auf Stöckelschuhen an ihm vorbei. Yeti hatte den Kopf auf die Seite gelegt und versuchte, einen auf süß zu machen.

„Nee. Ick hab nüscht. Kein Kleingeld."

„Ein Schein tut´s auch!"

Sie kicherte nervös und versuchte, so wenig wie möglich mit dem Hintern zu wackeln, weil sie seine Blicke im Rücken spürte.

„Geh arbeiten!"

Der alte Spruch. Heute hatte Yeti keinen Bock, darauf einzugehen, nicht nachdem er Döner-Kalle am Strick hatte baumeln sehen.

„Ham Sie mal ein bißchen Kleingeld? Für Hundefutter."

Als Schrat ihn das Zauberwort sagen hörte, legte Schrat den Kopf auf die Seite und sah der Oma mit der Kunstledertasche erwartungsvoll in die Augen. Sie gab ihm ein blankes Zweimarkstück.

Das erste Bier exte er direkt vor dem Eingang.

Schmuddel hing dort rum. Er hatte mittlerweile auch Durst bekommen und schnorrte, was das Zeug hielt. Als er Yeti sah, kam er zu ihm hin.

„Haste mitgekriegt? Döner-Kalle hat sich aufgehängt."

„Ja. Scheiße. Wenn da nicht mal jemand nachgeholfen hat. Ich habe da letztens die Faschos beim Schutzgeldeintreiben gesehen."

Er gab Schmuddel die leere Flasche. Fünfzehn Pfennig Pfand.

„Hier. Startkapital."

Er zog sein Messer aus der Innentasche seiner Lederjacke und schnippte mit der stumpfen Seite der Klinge den Kronkorken von der zweiten Flasche Bier.

„Danke.", sagte Schmuddel. „Gib mal ´nen Schluck."

Mit dem Rest des zweiten Biers in der Hand, drehte er seine Runde durch den Kiez. Er ging an der schäbigen Plattenbaupolizeiwache vorbei und überquerte die Brunnenstraße. Am Fuße des Weinbergspark gab es einen Betontümpel, in dem angeblich sogar Fische leben sollten. Er warf einen zweifelnden Blick in das trübe Wasser. Tatsächlich erblickte er eine winzige Kräuselung auf der Oberfläche, wie sie nur durch die Rückenflosse eines kleinen Fisches entstehen konnte. Einen Moment lang fragte er sich, wie es wohl wäre, genau unter den toten Aluminiumfensteraugen der Bullenplatte, hier in diesem Tümpel, eine Angel auszuwerfen. Bestimmt würden sie jemanden nach draußen schicken um seinen Angelschein zu kontrollieren.

Er ging mit Schrat hinauf zu dem kleinen Pavillon. Unterwegs warf er die leere Flasche in ein Gebüsch. Schrat leerte fleißig Blase und Darm in andere Gebüsche. Beim Pavillon trafen sie auf ein junges Mädchen, das seine kleine Mischlingshündin mit dem Fahrrad ausführte. Schrat schnupperte kurz am Hinterteil der Hündin. Schnell stellte er fest, daß sie nicht läufig war, weshalb er sie uninteressant fand und weiter hinter seinem Herrn, der noch nicht einmal stehen geblieben war, hertrottete. Vom Pavillon aus gingen sie herüber zum Weinbergsweg. Diesen spazierten sie hinunter zum Rosenthaler Platz. Yeti gefielen die alten, großen Gehwegsplatten aus rotem Granit, auf denen sie liefen. Er fand sie viel schöner als die langweiligen Dinger aus Beton, mit denen irgendein findiger Stadtplaner sie sicher eines nicht allzu fernen Tages ersetzen würde.

Am Rosenthaler Platz bog er wieder in die Brunnenstraße ein. Die 183 war auch besetzt und im Hinterhaus wohnten ein paar Kumpels von ihm, mit denen er ein bißchen abhängen wollte. Unterwegs mußte er an einer kleinen Baustelle vorbei. Der Bürgersteig war aufgerissen. Die Gehwegsplatten lagen schlampig aufgerissen auf der Seite. In einem Schacht, der im Karree mit Baubohlen gesichert worden war, schwang ein Mann die Schippe, der einen dichten Schnurrbart, buschige Augenbrauen, Hakennase und einen dunklen Teint hatte. Sicher stammte er aus dem tiefsten Anatolien. Rund um den Schacht lehnten sieben Mann, die nach Aussehen, Kleidung und Habitus ganz sicher Ostdeutsche waren, gemeinsam mit den Ellenbögen auf den obersten Baubohlen. Schweigend sahen sie dem Türken bei der Arbeit zu. Yeti konnte sich einen Spruch nicht verkneifen:

„Hey. Der Ausländer nimmt euch die ganze Arbeit weg."

Sie grinsten.

Der Frühling verging und der Sommer auch.

Junkie-Maria aus Portugal war von Sabine achtkant, mit ordentlich Gebrüll und ein bißchen Haareziehen rausgeworfen worden. Torte spritzte weiterhin heimlich sein Heroin und schluckte Rohypnol. Es wurde auch immer mehr. Aber solange er im Haus niemand beklaute, machte ihn das auch nicht zum schlechten Menschen. Er war so ein netter Kerl, weil er in die Waldorfschule gegangen war, bevor er zum Punk mutierte. Deshalb hatte auch niemand das Herz, ihn auf die Straße zu setzen.

Yeti wurde von einem übergewichtigen Kaufhausdetektiv im Bolle beim Klauen erwischt und hatte seitdem Hausverbot, einen Diebstahlsprozeß am Hals und sollte dem Supermarkt auch noch 50 D-Mark Fangprämie zahlen. Außerdem hatten die Bullen von der Polizeiwache 3 in der Keibelstraße beim Alex, ihn wegen dieser Sache stundenlang in eine fies mintgrün gekachelte Zelle mit unaufgewischten Blutspritzern an den Wänden eingesperrt. Auf alle diese Sachen hatte er absolut keinen Bock, haßte deswegen auch aufrichtig den Staat, fühlte sich aber ansonsten super und fickte, soff und schniefte sich durch sein Punkerleben wie eh und je. Ab und zu schlug er irgendwem auf die Fresse – am liebsten einem Nazi – und bekam manchmal auch selber eine rein. Der Rest der Hausgemeinschaft machte es ähnlich und so war die Welt eigentlich in Ordnung.

Nur mit der Musik wollte es nicht so recht klappen. Knut, Jesus und Gitarrenmarco werkelten zwar noch ab und an zusammen im Proberaum herum. Aber seitdem Manne, der Metaller seinen Totenschädel abgeholt hatte, war irgendwie die Luft raus.

Es geschah an so einem Abend, als Jesus und Gitarrenmarco im Proberaum herumhingen. Knut fehlte; weshalb Gitarrenmarco nur ein wenig auf seiner Klampfe herumklimperte und Jesus das Mikrophon in Ruhe ließ. Stattdessen rauchte er Zigaretten. Er hatte so eine selbstzerstörerische Art zu rauchen. Ein Sargnagel nach dem anderen verschwand in seinen Lungenflügeln, als müßte er sich auf Teufel komm raus abtöten. Yeti würde nie begreifen, warum Jesus das Leben so haßte. Draußen regnete kalter Herbstregen auf den Sperrmüll, der den kleinen, ummauerten Hof mittlerweile völlig bedeckte. Irgendwann hatten irgendjemand angefangen, Möbel, die nicht mehr gebraucht wurden, einfach aus dem Fenster zu schmeißen. Mit der Zeit taten dies alle. Seitdem wurde es im Hof immer enger und die Ratten freuten sich.

Nachdem Yeti eine Weile das Publikum für die beiden gespielt hatte, wurde es ihm zu langweilig.

„Euch fehlt die Inspiration, der Drive. Ihr wart doch so super gewesen. Ich sage euch, es liegt daran, daß ihr keinen Totenschädel mehr habt."

Jesus wurde sauer.

„Dann besorg uns doch einen. Wir sitzen doch direkt an der Quelle. Du brauchst nur über die Straße gehen. Da gibt es hunderte von den Dingern. Schaff einen ran oder hör auf zu nölen."

„Wieso ich? Ist das meine Band?"

Yeti glaubte von sich, absolut unmusikalisch zu sein. Sogar für einen Punk. Er ging wieder nach oben, vorbei an der funkenden Stromleitung und dem Wasserfall, ging durch den vermüllten Hof, durch das nach Buttersäure stinkende Treppenhaus. Durch ein Fenster sah er Blaulicht rotieren. Die Bullen standen vor dem Haus. Schmuddel kam ihm entgegen.

„Die Bullen!“

„Ja. Ick hab die jerufen. Wegen dieser Maria.“

„Maria?“

Yeti konnte es nicht fassen. Die hatte doch Hausverbot.

„Tot.“

„Scheiße.“

„Die liegt steif und tot bei Torte in der Bude. Goldie. Ick jeh jetzt runter und laß die rein.“

„Reinlassen? Die Bullen? Bist du irre?“

„Was sollen wir denn machen? Die ist tot. Tot, Mann. Kapierste? Hätten wir die in den Müllochsen werfen sollen?“

„Mmh.“

„Kannst sie dir ja ankieken gehen. Die anderen haben sie sich auch schon alle anjekiekt.“

Yeti ging ein Stockwerk höher zu Tortes Zimmer. Im Flur kam ihm Knut entgegen. Mehr noch als gewöhnlich sprach aus seinen wässrig blauen Augen der Wahnsinn. Derselbe Stechapfelsud, der ihm das Gehirn verdorben hatte, hatte auch dafür gesorgt, daß seine Augen so wässrig wurden. Er kicherte meschugge, als er Yeti sah und verschwand um die Ecke.

Ohne zu klopfen öffnete Yeti die Tür zu Tortes Zimmer. Die tote Maria lag auf dem Fußboden. Er konnte ihr Gesicht nicht sehen. Es wurde von Torte verdeckt, der über der Leiche kauerte und sie fledderte. Gerade zog er ihr ein Tütchen aus der Hosentasche ihrer engen Jeans und ließ es blitzschnell in seiner eigenen Hosentasche verschwinden, ohne daß Yeti sehen konnte, welchen Inhalt es hatte. Yeti trat ein und schloß die Türe hinter sich.

„Was machst du da?“

„Ist doch besser, als wenn die Bullen das finden.“

Dieser Logik konnte Yeti sich nicht ganz verschließen, fand es aber trotzdem anstößig, daß Torte die Tote fledderte. Sie hörten schwere Stiefel die Treppe heraufstapfen. Es klang offiziell.

„Die Bullen kommen.“

Torte drehte die Leiche auf die Seite und griff ihr in die Gesäßtasche. Er förderte ein zweites Tütchen zu Tage und hielt es in Yeti vors Gesicht.

„Schau mal. Pappe.“

„Was hatte die denn mit Acid am Hut? Die war doch ein Junkie.“

„Na, das wollte die hier verticken. Damit ihr sie wieder lieb habt. Die hatte `ne neue Connection. `Nen Albaner. Bei der Schore von dem Kerl muß man aufpassen. Die ist unverschnitten. Deswegen ist die jetzt auch tot.“

Das Tütchen mit dem LSD verschwand genau wie das andere in Tortes Hosentasche. Er richtete sich auf und schob sich aus dem Zimmer. Die Art und Weise, wie er das tat, erinnerten Yeti an eine Eidechse. Er blieb einige Augenblicke mit der Leiche allein. Ihr Gesicht wirkte im Tod genauso sprachlos verzweifelt wie im Leben. Die Tür öffnete sich wieder. Der erste Bulle steckte neugierig den Kopf herein.

Am nächsten Abend fläzten sie sich im Rudel auf dem Matratzenlager im Gemeinschaftsraum um Nutellas Mini-Glotze und sahen zum x-ten Mal die Video

Kassette mit Monty Python´s Ritter der Kokosnuß. Als das Killerkaninchen angriff, lachte nur Nutella. Er stand auf billigen Splatter – je dümmer, desto besser. Gitarrenmarco stupste Torte mit dem Fuß in die Seite.

„Was ist jetzt mit der Pappe?"

„Die will ich noch verticken. Ich brauch dringend Asche."

Tortes Worte kamen wie Wattebäusche aus seinem Mund. Er redete in Zeitlupe. Nutella hörte auf zu lachen und wurde sauer.

„So weit kommt´s noch. Erst schleppst du uns diese Junkie Tante ins Haus zum Krepieren, fledderst die, ballerst dich mit ihrer Schore zu und dann gibst du uns noch nicht mal was von ihrem Acid ab."

„Genau. Her damit."

„OK, OK."

Er zog das Tütchen aus der Hosentasche und legte es auf die Matratze. Gitarrenmarco schnappte es sich.

„Oh. Yin-Yangs."

Er riß die Pappe entlang der Perforierungen in quadratische Stückchen, auf denen jedes ein kleines Yin-Yang prangte. Sie waren schnell aufgeteilt. Gitarrenmarco legte sich direkt zwei auf die Zunge. Yeti reichte eins. Es dauerte nicht lange, da fanden alle Monty Python wieder lustig.

Als die Hallus einsetzten, bekam Yeti den Rappel.

„Wir müssen den Tod mit seinen eigenen Waffen schlagen!", versuchte er Nutella zu erklären. Aber der war irgendwo in seiner eigenen Welt und verstand Yetis LSD-Logik nicht.

„Ich sorge dafür, daß wir wieder gute Mucke ins Haus kriegen."

„Top Plan, Alter. Top Plan.", pflichtete Nutella ihm bei und hatte dabei überhaupt keine Ahnung wovon er sprach.

Yeti sprang auf und taumelte aus dem Zimmer. Auf dem Weg nach unten machte das Treppengeländer komische Sachen, weswegen er sich ganz nah an der Wand hielt.

Der Haupteingang des Friedhofs war um diese Zeit schon verschlossen. Durch das Gittertor sah er neben dem Wächterhäuschen ein paar trostlose grüne Blumenbehälter aus robuster DDR Plaste stehen. In einem steckte ein verwelkter Strauß roter Nelken. Das LSD gab ihm Kraft. Ohne Nachzudenken sprang er neben dem Tor in die Höhe und bekam die Mauerkrone zu fassen. Er schwang sich empor. Bevor er sich auf der anderen Seite wieder hinab sprang, erspähte er aus den Augenwinkeln den verhaßten Nazi-Hausmeister, der ihn beobachtete. Es war ihm egal.

Es dauerte eine Weile, bis er in dem düsteren Gräberfeld die richtige Gruft gefunden hatte. Die Grabplatte hatte sich nicht weiter abgesenkt, seitdem sie ihm damals beim gemütlichen Kiffen diesen Mordsschock eingejagt hatte. Der Spalt war groß genug, um einen schlanken Mann hindurchzulassen. Yeti war schon immer schlank gewesen und seitdem er im Bolle nicht mehr klauen konnte, hatte er sogar noch etwas mehr abgenommen. Es ärgerte ihn, daß er schon wieder eine Taschenlampe vergessen hatte. Sein Versuch, am Spalt kniend mit dem Feuerzeug in die Finsternis hinab zu leuchten, brachte ihm keine brauchbaren Erkenntnisse über den Inhalt des Grabs. Kurz entschlossen zwängte er sich mit den Füßen voran durch den Spalt und ließ sich hinabgleiten.

Unten angekommen, ergriff ihn das LSD mit voller Macht. Er setzte sich auf den steinernen Fußboden und sah über sich durch den geöffneten Spalt die Lichter Berlins sich im wolkenverhangenen Himmel spiegeln. Lange saß er so da. In seinem Kopf kreisten Gedanken über Gevatter Tod.

Endlich erhob er sich. Die Decke der Gruft war hoch genug, daß er fast aufrecht darin stehen konnte. Mit dem Feuerzeug machte er sich Licht. Aus dem vermoderten Eichenholz eines Sarges sah er das Objekt seiner Begierde hervorlugen: ein schöner, neuer Totenkopf. Als er ihn aus dem Holz hervorzog, zerbröselte er zwischen seien Fingern. Der Knochen war morsch geworden. Er kramte mit der Stiefelspitze in den Überresten des zweiten Sargs daneben herum. Das Skelett, das einmal darin gelegen hatte war bereits vollständig zersetzt. Es war ein altes Grab. Enttäuscht sah er sich weiter um und entdeckte in einer Ecke einen dritten Sarg. Es war ein ganz kleiner. Der Sarg eines Kindes, eines Babys.

Der Kindersarg war aus edlem Mahagoni gefertigt und vollständig erhalten. Er klappte ihn auf und sah, daß auch diese Leiche komplett verwest war. Von dem Baby waren nur noch ein paar blonde Haare übrig. Erstaunlicherweise aber hatte das Leichenkleidchen aus Leinen der Verwesung widerstanden. Es war wohl einmal weiß gewesen. Jetzt war es vergilbt. Yeti klappte den Sarg wieder zu. Nach kurzer Überlegung packte er den kleinen Sarg und schob ihn durch den Spalt ins Freie. Er paßte haarscharf. Wenn er sich schon all diesen Streß machte, dachte er sich, dann wollte er wenigstens nicht mit leeren Händen zurückkehren.

Sein Gesicht war gerade neben dem Kindersarg über der Mauerkrone erschienen, als ein heller Blitz ihn blendete. Schnurrend rollte die Automatik der kleinen Autofokuskamera in den Händen des Hausmeisters den Film weiter. Er hielt den Sucher vors Auge und drückte nochmal ab. Wieder blitzte es. Yeti schwang sich über die Mauer und lud sich seine Beute auf die Schulter. Blitz. Schnurren. Blitz. Schnurren.

„Verdammte Stasisau!"

„Jetzt hab ich dich, du Schwein."

Normalerweise hätte Yeti jetzt den kleinen Sarg abgestellt und diesem frustrierten Ossi die Schnauze poliert. Aber das LSD in seinem Hirn machte ihn friedfertig. Als er sah, daß der Hausmeister vor lauter Jagdeifer vergessen hatte, die Kappe vom Objektiv zu nehmen, lächelte er innerlich und ging ganz gelassen zur Haustür, schloß sie auf und verschwand dahinter.

Im Gemeinschaftsraum hatte sich die Szenerie nicht großartig verändert. Nur daß auf dem Minibildschirm jetzt ein Horrorfilm lief. Nightmare on Elm Street. Freddy Krueger schlitzte gerade mit seinen klingenbewehrten Fingern einen süßen Teenager auf, daß das Blut nur so spritzte.

Der Kindersarg brachte Leben in die Bude. Nicole kreischte entsetzt. Sabine fand als erste die Worte wieder:

„Den hättest du aber lieber in seiner Gruft gelassen."

„Du altkluge Klugscheißerin. Ich tue wenigstens was für´s Haus. Da bin ich doch der einzige. Wir müssen den Tod mit seinen eigenen Mitteln schlagen."

„Genau.“, pflichtete Nutella ihm begeistert bei.

„Yeah. Elite ist Niete.“ Kämpferisch hob Sabine die geballte Faust und lachte.

Das Leichenkleidchen wurde herausgerissen und ging von Hand zu Hand. Yeti steckte es sich gerade in den Mund und kaute darauf herum, damit die kleine Nicole noch einmal kreischte, da wurde das allgemeine Gelächter von einer Reihe Martinshörner, die sich unten auf der Straße dem Haus näherten, übertönt. Blaulicht flackerte durch die Nacht. Yeti öffnete das Fenster zum Hof und packte den Kindersarg nach draußen. Krachend landete er im Sperrmüllhaufen.

„Öffnen Sie die Tür.“ Das Megaphon war so laut gestellt, daß man es noch drei Blocks entfernt hören mußte. „Wir haben einen Durchsuchungsbefehl.“

Alle hingen in den Fenstern. Diesmal war es Sabine, die der Polizei die Tür öffnete. Trotz LSD im Gehirn begriff sie, was die Stunde geschlagen hatte, als dort unten aus einer Wanne ein paar Äxte hervorgezogen wurden. Es war ja keine Räumung, sondern nur eine Hausdurchsuchung. Dafür opferte man nicht seine Eingangstür.

Der Mahagonisarg hatte den Fenstersturz genauso erstaunlich gut überstanden, wie die Jahre in der modrigen Gruft. Sie bahrten ihn im Buttersäuregestank des Eingangs auf einer Trage auf. Das Totenkleidchen hatte sie sofort gefunden und auch als erstes zurück in den Sarg getan. In der folgenden Durchsuchung fanden sie überall im Haus verstreut diverse Knochen. Die meisten stammten von Rindern, da die so hart waren, daß die Hundekiefer sie nicht klein bekamen. Es waren aber auch zwei oder drei Kotelettknochen vom Schwein und sogar ein Röhrenknochen von einem Hähnchenschenkel darunter, die die Hunde schlicht vergessen oder übersehen hatten. Sämtliche Knochen kamen auch in den Sarg. Ganz zuoberst legte der Polizeioberwachtmeister Siegfried Griguzis, den dieser Einsatz ankotzte, die Beinscheibe des uckermärkischen schwarzbunten Milchrindstiers Erich. Danach schlossen sie den Sarg unter den feindseligen Blicken der Hausbesetzer unten gingen wieder. Draußen blitzte die Kamera eines Reporters vom *Kurier*. Er besaß eine gebraucht erstandene japanische Spiegelreflexkamera. Da war es schlecht möglich, die Objektivkappe zu vergessen.

Die Geschichte kam auf den Titel: **SCHWARZE MESSE IM BESETZTEN HAUS**

Fett darunter:

Im ganzen Haus verstreut lagen Knochen

Ein paar Tage darauf brachte er noch einmal eine Meldung über den Vorfall auf die Titelseite. Das geschändete Grab und der Name des verstorbenen Kindes waren ausfindig gemacht worden. Es hieß Louise Mechnow und war im Jahre 1879 im Alter von zwei Jahren gestorben. Angehörige konnten keine gefunden werden.

Deshalb hielt denn der Pfarrer ohne diese, dafür aber im Beisein des Friedhofswärters, des Reporters vom *Kurier*, des Nazihausmeisters und des Polizeioberwachtmeisters Siegfried Griguzis, die zweite Totenmesse über dem kleinen Sarg, damit die Seele des Kindes seine Ruhe wiederfinden mochte. Zwei Tage zuvor hatte es den Friedhofswärter mit zwei Gehilfen ordentlich Schweiß und Flüche gekostet, die Grabplatte von der Gruft zu ziehen und mit ordentlichem Zementmörtel die Grabeinfassung neu zu richten.

Als der Friedhofsgärtner den Sarg nun zurück in die Gruft beförderte, klapperten schauerlich darin die Knochen.

Jesus, sein Fußpilz und der Napalm-Tod

Vom Himmel sticht das gelbe Schwein. Auf der Brunnenstraße kocht der Asphalt. Das Wasser im Betontümpel ist eine jauchig grüne, stinkende Brühe. Der Volkspark am Weinberg hat schon bessere Tage gesehen. Eine tote Plötze treibt bauchoben zwischen einem O-Saft-Tetrapack, einem abgenagten Hundestöckchen und einer leeren Tüte Erdnußflips. Ein Junge hält seine Angel in die Brühe Es ist eine kurze Spinnrute, eine Glasfiber-Steckangel von zu Ostzeiten. Fasziniert beobachtet der Junge die Pose. Leichte Wellenbewegung setzt ein und die Pose beginnt zu schaukeln. Einen Moment lang spannt sich der Jagdtrieb in dem Jungen. Aber dies ist kein Biß. Es ist Schrat, der voller Enthusiasmus die Betonkante entlanggeschwommen kommt. Der Junge zieht die Angel ein. Als Schrat vorbeigeschwommen ist, wirft der Junge die Angel wieder aus. Sein Haken ist blank; kein Köder, nichts, noch nicht einmal Brot.

Durst. Ausgedörrte Kehle. Kondensat und Nikotin verkleben den Rachen. Yeti will einen saftigen Yillie in den Betontümpel rotzen. Manchmal kann man damit die Fische anlocken. Die fressen den Yillie dann. Aber statt des Yillies kommt nur trockener, gelber Geifer zwischen seinen Lippen hervor. Nichts, was Fische interessieren würde. Im Dönerladen gab es nur Schultheiss. Egal, Hauptsache kalt. Durst. Köstlich schwitzen sich die eiskalten Flaschen durch den Pappkarton der Sixpackverpackung. Schüssel, Sabine und

Jeus warten schon. Er setzt sich zu den anderen, die sich, nicht weit vom Betonufer, auf den Gehwegplatten räkeln im kargen Schatten einer rachitischen Linde. Yeti reißt sich ein Bier raus und läßt das Sixpack rumgehen. Alle nölen über das Schultheiss.

„Nazipisse!"

„Wie war das? Nationalsozialistischer Musterbetrieb??!!"

„Leckt mich doch am Arsch. Ihr müßt es ja nicht saufen."

Yeti ploppt den Kronkorken mit dem Feuerzeug weg und setzt die Flasche an den Hals. Der Durst des Alkoholikers ist ein besonderer Durst, und nichts ist köstlicher, als ihn mit einer gepflegten, eisgekühlten, 0,33er Flasche Pils zu löschen. In seiner Kehle öffnen sich die Schleusen. Es dauert nicht lang und kleine, bauchige Einwegflasche enthält nur noch Schaum. Während sich Yeti mit dem Handrücken über die Lippen wischt, startet sein Hund den Versuch, aus dem Betonbecken zu steigen. Schrat schafft es, die Pfoten auf dem Beckenrand zu platzieren, macht eine angestrengte Hundegrinsegrimasse, bei der ihm die Zunge halb aus dem Hals hängt und fällt platschend zurück in die Brühe. Aus den Tiefen Yetis Speiseröhre macht sich Kohlensäure Platz.

Es ist vier Uhr nachmittags und für alle das Frühstücksbier. Jesus, ganz der *caballero*, rümpft die Nase.

„Boa, ey! Zieh dir die Fresse rein. Paß mal auf, was jetzt kommt!"

Während Jesus aufpaßt, hält sich Sabine ihren Stubbi an den Hals. Mit dem Fuckfinger dirigiert sie ein A, das sie Jesus ins Gesicht rülpst. Alle lachen, nur Jesus nicht.

„Ich tret dir in die Fotze, Puppe, wenn du das nochmal machst."

Mit Rülpsen oder Furzen braucht man jemandem aus Galizien nicht kommen. Das Frühstücksbier, das Jesus aus der kleinen, braunen Einwegflasche trinkt ist erst sein zweites oder drittes. In diesem Zustand mögen alle ihn gut leiden. Ist ja auch ein fitter Kunde; schlau, witzig, wortgeandt, Sproß einer spanischen Mutter aus altadliger, galizischer Falangistenfamilie und eines bayrischen Vaters, der einen hohen Posten im Bauministerium bekleidet. Aus irgendeinem Grund hat sich Jesus eines Tages in den Kopf gesetzt, sich zu Tode zu feiern. Dieses Ziel verfolgt er seit einigen Jahren mit aller Konsequenz. Sein Magen ist kaputt, verträgt kaum noch feste Nahrung, was auch an den vielen Pillen und dem Speed liegt. Politoxicomanie. Sein Körper ist ausgemergelt, spirrig. Er verträgt nicht viel. Nach dem elften, oder zwölften Bierchen wird er verrückt. Immer ist Schabau im Spiel. Dann sabbert er nur noch unzusammenhängendes Zeug. Dann baut er nur noch Scheiße. Kriegt völlig grundlos die totalen Ausraster oder rempelt Tische voller frischer Bierflaschen um oder tritt Hunden auf den Schwanz. Gestern hat den gerade angerauchten Joint, als die Reihe an ihn gekommen war, in einer Bierlache ertränkt, statt ihn weiterzugeben. – Und vorher hat er ihn noch ordentlich heiß geraucht. Oder letztens: Yeti hat bestes Coca besorgt. Neunzig Prozent rein. Yeti hat da so eine mexikanische Connection, von der er das manchmal bekommt. Teures Zeug, aber super. Voll sozial legt Yeti allen eine Line. Wer greift sich als erstes gierig den Spiegel? – Richtig: der besoffene Jesus. Und niest das ganze kostbare Zeug einfach runter. Eine Staubwolke und das war es. Weg. Einfach weg. Und zwar natürlich erst, nachdem er seine Line drinne hat. Das gab ordentlich Geschrei. Kann man sich ja vorstellen.

Wenn Jesus so ist, geht er natürlich allen auf den Sack. Trotzdem schleppen sie ihn überall hin mit, wie so eine Art cholerisches Maskottchen. Aber im Moment, an diesem heißen Nachmittag im Juli, ist er nur auf Pegel, was bei ihm heißt: so gut wie nüchtern. Er gibt den *caballero macho* und läßt sich von keinem was bieten. Schon gar nicht von Sabine. Er fixiert sie und schenkt ihr seinen besten Visierglotzer, scharf wie Toledostahl.

„Eeeeh. Chauvisprüche!", ruft sie. „Plenum!"

Pling. Sie stoßen an. Sie hat dieses bezaubernde Lächeln. Auf ihre Art ist sie mindestens eben so verrückt, wie der Halbspanier. Ein durch und durch verrücktes Alpha-Weibchen vom Niederrhein. Wenn sie bei Jesus „Plenum!" ruft, lachen alle. Als sie bei Bayern-Meggi-II Plenum rief, war das anders. Da hat keiner gelacht.

„Bin ich jetzt Bayer-Meggi-Zwo oder was?"

Er sagt es in dieser ätzenden, hämischen Art, die schon fast wieder lustig ist. Wenn Jesus an das Schicksal des armen Bayern-Meggi-II denkt, überkommen ihn Wonneschauer.

„Was für eine widerliche Memme! Den hab ich höchstpersönlich die Treppe runtergestiefelt," sagt sie voll stolz und klopft sich dabei selber auf die Schulter. „Da war noch nicht mal ein Plenum nötig bei dem. Erst der Schnellste sein beim Wegrennen und dann noch die Bullen auf den Plan rufen. Wie dieser Waschlappen sich eingeschleimt hat bei denen! Das hättet ihr mal sehen sollen."

Wenn sie sauer ist, wird Sabine zur Furie. An jenem Zweiten Mai hat Bayern-Meggi-II nur schützend die Arme über den Kopf gehalten und ist abgezischt. Noch nicht mal seinen Kram hat er mitgenommen. War eh nur Scheiß. Eine Sporttasche mit ein paar siffigen Klamotten, sonst nichts. Sabine hat das Zeug einmal kurz durchgewühlt, alles wieder reingestopft, die Tasche runter auf die Straße getragen und mit einem energisch „So!" in den Müllochsen gepfeffert.

„Wie hat der sich eigentlich bei uns einschleichen können?" fragt Schüssel.

„Keine Ahnung. Meggi-I hat den angeschleppt," weiß Yeti.

„Wo steckt der eigentlich?"

„Schnorren am Bolle."

„Immer fleißig."

„Meggi-I ist ganz ok."

„Jaja. Der ist in Ordnung."

„Aber dieser andere war echt ein Schmierulant, wie er im Buche steht."

„Was täten wir bloß ohne die liiiebe Sabine."

Auf der Brunnenstraße schiebt sich dichter Verkehr durch diverse Baustellen. Statt Luft gibt es Ozon zu atmen. Ozon, den sie mit Tabakrauch würzen. Letztens lief Sabine durchs Haus und hat allen ihre rasierte Möse gezeigt. Auf dem Venushügel hat sie einen schmalen Iro stehen gelassen, den sie erst mit Wasserstoffperoxid blondiert hat, was auf dem ganz schön gebruzzelt hat und den dann mit Directions Applegreen grün gefärbt. Sah gut aus. Yeti mag Sabines Möse. Bei mehreren Gelegenheiten durfte er schon seinen Schwanz in sie reinstecken. Sabine hatte eine weiche Möse. Sie war nicht besonders eng, aber unglaublich weich. Beim ersten Mal ist sein Penis quasi sofort explodiert. So eine kannte er noch nicht. Er hatte auch keine Zeit zum Rausziehen mehr gehabt und das weiche Ding einfach von oben bis unten vollgespermt. Damals schenkt Sabine ihm ein spöttisches Lächeln. Seitdem ist es besser geworden. Die beiden hängen es nicht an die große Glocke. Passiert ja eigentlich immer nur im Suff.

Manchmal, wenn Yeti „morgens" mit Jesus zusammensitzt, sie die erste Kippe des Tages qualmen, wenn Yeti Kaffee schlürft und Jesus sein erstes Bierchen kippt, das Bierchen, das er vor dem Schlafengehen kurz angetrunken hat und das schal und warm genau das Richtige für Jesus' empfindlichen Magen ist, in solchen Momenten, schwärmt Jesus von Sabines göttlichem Körper, wie von einem unerreichbaren Ideal. Undenkbar, daß sie ihn ranlassen würde. Seine Libido hat er so gut wie versoffen. Yeti brummt bei solchen Gelegenheiten nur irgendwas vor sich hin. Er ist keiner, der angibt mit Bettgeschichten. Vor allem nicht vor Jesus. Er will nämlich gerne weiterhin ab und an mit Sabine vögeln und Jesus würde es fertigbringen, besoffen den O-Ton der Öffentlichkeit preiszugeben. Am besten, wenn Sabine danebensitzt. Innerlich jedoch pflichtet er Jesus hundertprozentig bei. Sie ist herrisch, durch und durch verrückt, macht dauernd seltsame Dinge mit ihren Haaren, aber hat einen göttlichen Körper. Ihre Figur, die sie unter unmöglichen, ausgebeulten Klamotten verbirgt, ist super und ihre Titten sind genau richtig groß und fest und haben kleine, spitze Nippel. Wie Yeti ihre Muschi findet, wissen wir ja bereits.

Jesus und Yeti sind gemeinsam von ihrem kackspießigen Provinzgymnasium geflogen. Sowas schweißt zusammen. Sie hatten sich im Suff mal so richtig mit Farbeimer und Pinsel am schulischen Mauerwerk ausgelebt. ARBEIT MACHT FREI über den Haupteingang gepinselt, lauter so Sachen. Ein Foto vom schuleigenen Kriegerdenkmal, einem reliefverzierten Trachytblock, hatte die Runde durch die Lokalpresse gemacht. Die Mutter mit dem toten Sohn auf dem Schoß war unter einem blutroten Anarcho-A in den Hintergrund getreten. Ausgerechnet der Schülersprecher hatte sie verpfiffen. Kein Wunder bei jemandem, der schon mit 18 Mitglied in der Jungen Union war.

PAPA IST EIN ARSCHLOCH UND MAMA IST DUMM. Kurz nach dem Schulrausschmiß hatte Jesus ein zweites Mal zu Pinsel und Farbeimer gegriffen, um Wände mit Parolen zu verzieren. Diesmal waren es die seines Kinderzimmers gewesen. Vorhergegangen war das Eintreffen eines Briefes des Familienrechtsanwalts. In dem war ihm per Verfügung mitgeteilt worden, daß er binnen vierundzwanzig Stunden aus der elterlichen Gründerzeitvilla auszuziehen habe. Zu dieser Zeit lebte Yeti schon nicht mehr bei seiner Mutter, sondern hatte sich ein Zimmer in einer Studenten-WG ergattert, in dem er Jesus übergangsweise mitwohnen ließ. Den Umzug meisterten sie mit der Ente von Yetis Bruder. Eigentlich waren es ja nur die Gitarre, der Verstärker, die Anlage und ein paar AC/DC Platten gewesen. Jesus war ja eingefleischter Fan und hatte eine Zeitlang gewollt, daß alle ihn Bon nannten, so wie Bon Scott, der

Sänger der Aussi-Krach-Combo, der zugedröhnt an seiner eigenen Kotze krepiert war. In Jesus' Kinderzimmer hatte es angebrannt gerochen. Das Schulheftfeuerchen hatte ein ordentliches Loch in den braunen Teppichboden und das darunterliegende Buchenparkett gebrannt.

Schüssle schiebt eine Onkels-Kassette in den Billigghettoblaster. Das Gerät läuft auf zwei geklauten Baustellenblinkbeleuchtungsakkus – in Reihe geschaltet mit dünnen, bunten Kabelstücken. Rauschen, Grölen. Das Volume auf max gedreht.

„Boaa ey," überschreit Yeti den Sound, „Echt nicht. Bitte keine Nazischeiße so früh am Morgen."

Sabine ist auf seiner Seite.

„Genau. Drecks Nazimucke. Haste nix anderes?"

„Ihr Wessis habt doch keine Ahnung. Sind doch voll die Zecken geworden, die Onkelchens."

„Und die Onkels sind keine Wessis, oder was? Komm, mach die Scheiße aus."

„Grumpf, grumpf." Schüssel drückt auf eject und kramt eine andere Kassette aus den Tiefen seiner Lederjackentaschen und legt sie ein.

Persil. Persil.

Alles ist so schön steril.

„Canalterror. Jetzt zufrieden?"

„Ey, das sind doch Bonner!"

„Na klaro. Rheinländer raus. Ausländer rein. Oi, oi."

„Kommste mit zu Napalm Death? Die spielen heute im SO 36. Jesus und ich gehen hin."

„Nöö. Keine Kohle."

Es klingt halbherzig. Die Ossis hören keinen englischen Grindcore, sondern Deutschpunk. Das liegt daran, daß sie kein Englisch können. Bei Napalm Death wäre das eigentlich egal, wo doch selbst der beste Engländer kein Wort versteht, von dem, was der gute Barney Greenway so vor sich hin röhrt.

Jesus und Yeti steigen am Rosenthaler Platz in die U8. Sie setzen sich in den vordersten Waggon mit den Gesichtern in Fahrtrichtung ins vorderste Abteil auf den Kontrospähplatz.

„Man erkennt sie daran, daß sie nichts in der Hand halten," sagt Jesus. „ Jeder hat irgendwas in den Händen, wenn er U-Bahn fährt. Eine Tasche, einen Rucksack, Eine Zeitung, Blumen... irgendwas. Nur Kontros nicht. Höchstens ihr kleines elektronisches Kontrogerät. Aber das erkennt man, wenn man darauf achtet."

„Was ist denn jetzt eigentlich mit Bombe?", will Yeti wissen.

„Der meinte," antwortet Jesus „wir holen ihn ab."

„Wo wohnt der?"

„In Neukölln. Pflügerstraße."

„Den hab ich schon eine Ewigkeit nicht gesehen."

„So ist das. Man kann sich gut leiden. Man lebt in derselben Stadt und trotzdem lebt man nebeneinander her aneinander vorbei," entgegnet Jesus.

„Weißte noch? Napalm Death in Kölle? AZ Weißhausstraße?"

„Ja. War gut. Die Vorband war auch geil. Diese Superschnellen Japaner! Wie hießen die eigentlich nochmal?"

„Keine Ahnung. Vergessen. Damals hatten die noch den alten Sänger. Nik Bullen."

„Ja. Der neue – wie heißt er nochmal?"

„Barney Greenway."

„Ja. Der ist auch gut. Aber den Nik fand ich noch geiler. Warum hat der eigentlich aufgehört?“

„Keine Ahnung. Mich würd´s nicht wundern, wenn er Kehlkopfkrebs gekriegt hat. Bei dem Gesangsstil!“

„Röööhr!“

Jesus kann Nik Bullen täuschend echt imitieren.

„DAMNATION.“

Es kommt aus der gutturalsten Tiefe seines Schlundes. Kurz vor Zäpfchenabreiß. Die anderen Fahrgäste sehen stumpf vor sich hin. So ist Berlin.

Als die Bahn in den U-Bahnhof Kottbusser Straße einfährt, erspäht Jesus tatsächlich zwei Typen, von denen der eine nichts und der andere ein schwarzes, viereckiges Gerät in den Händen hält. Er knufft Yeti in die Seite. Sie steigen aus und gehen Richtung Ausgang. Aus den Augenwinkeln sehen sie, wie die Kontros den Leuten ihre Kontrolettiausweise unter die Nase halten.

„Puuh. Knapp.“

„Siehste?! Sag ich doch.“

„Komm, wir gehen was fressen. Wo wir schon mal hier sind. Ich hab tierischen Knast. In der Adalbertstraße gibt es eine ganz gute Dönerbude.“

Auf dem Kotti, im Schatten der Hochbahn, dasselbe Bild wie immer: Schlecht genährte Junkies, gut genährte Pitbulls, jede Menge Türken und eine stinkende, genervt hupende Blechlawine, die wacker ihre Kreise dreht.

„Nicht so schnell. Mir tun die Füße weh.“

Jesus humpelt ein wenig.

„Ey, die paar Meter!“

Lezzet ist türkisch und heißt lecker. Der Lezzet Grill sitzt unter einer Plattenbauseufzerbrücke aus Glas und

Beton. Sattelitenschüsseln schmücken die Balkone. Bei einem pickligen Jungen mit fettigen schwarzen Haaren bestellen sie zwei Türkisch Pizza und zwei Flaschen Becks.

„Mit Knoblauchsoße? Salat?“

„Klaro. Das volle Programm.“

„Scharf?“

„Für mich nicht,“ sagt Jesus.

„Für mich schon,“ sagt Yeti. „und tu ordentlich Krautsalat drauf!“

Sie essen im Stehen auf dem Bürgersteig vor dem Dönerladen. Im Neonlicht, das aus dem Dönerladen dringt, sieht das Essen seltsam tot aus. Eigentlich ist es noch hell draußen. Aber die Seufzerbrücke wirft ihre Schatten. Während Jesus lustlos an seinem aufgerollten und mit leckeren Sachen gefüllten Fladen herummümmelt, schlingt Yeti seine Portion mit großen Bissen herunter. Mit Türkisch Pizza ist es immer das gleiche. Gegen Ende hin wird sie trotz Dreifachkondom aus Alufolie, Plastiktüte und Papierserviette inkontinent, so daß man sich T-Shirt und Hose mit Soße einsaut und laut Scheiße schreit. Außerdem beißt Yeti aus Versehen in die Alufolie, was metallisch schmeckt und sich seltsam anfühlt. Mit dem Nagel des Zeigefingers popelt er sich das Aluminium aus seinem Molar. Als das letzte Fitzelchen Türkisch Pizza in Yetis Mund verschwunden ist, geht er noch mal rein in den Lezzet Grill. Auf dem gläsernen Verkaufstresen liegen im verchromten Behälter die Papierservietten. Er nimmt sich ein paar und wischt sich den verschmierten Mund und die Hände ab. Was bleibt, sind Fettfilm und Knoblauchduft. Die Probleme hat Jesus nicht. Seine Finger sind sauber geblieben. Er wirft die angegessene Türkisch Pizza in den Mülleimer mit Eiswerbung, der neben dem Eingang steht. Später wird ein hungriger Junkieköter sie dort herausklauben und sich über das fehlende Chili freuen.

„Und jetzt?“ fragt Yeti.

„Ab in die Pflügerstraße. Bombe abholen. Laß uns die U-Bahn nehmen.“

„Für eine Station?! Ich bin doch nicht bescheuert. Wir sind doch gerade erst um Haaresbreite den Kontros entwischt. Nix da. Laß uns die paar Meter laufen!“

Murr. Murr. Sie laufen den Kottbusser Damm runter. Vorbei an Läden mit billigen orientalischen Synthetik Klamotten, Teppichen und Dampfgartöpfen für Couscous oder Reis. Ab und zu ein türkischer Juwelier mit viel glitzerndem Gold in der Auslage.

„Wart mal. Ich kann nicht so schnell. Mir tun die Füße weh.“

„Wir ham nicht alle Zeit der Welt! Wir wollen doch zum Konzi.“

„Ich hab scheiß Fußpilz!“

Jesus trägt seine knöchelhohen grünen Wildledersneaker. Er besitzt nur dieses eine Paar Schuhe. Umso inniger liebt er die Treter. Schwere Botten waren nie sein Ding. Er mag es lieber geschmeidig. Er mag seine eigenen Schweißfüße nicht riechen. Deshalb zieht er sie so gut wie nie aus. Sogar beim Pennen behält er sie an. Wer denkt schon beim Ins-Koma-Fallen an seine Schuhe? Jesus bestimmt nicht. Der durchbricht regelmäßig mit lautem Knall die Drei-Promille-Schallmauer.

„Kauf dir mal ´ne Salbe! Und gewöhn dir ab, in den Tretern zu pennen, du Spinner. Kein Wunder, daß es da drin wuchert."

„*Die! Die with your Boots on, if you gonna die*!"

Gute alte Iron Maiden. Fußlahm hin oder her. Jesus ist heute nach Singen zumute. Sie biegen in die Pflügerstraße ein. Vor einer Bombenlücke mit Spielplatz und kleinem Park bleibt Jesus stehen. Er setzt sich auf eine Bank.

„Eine kleine Pause. Echt ich sag dir das sind Höllenqualen. Komm, wir paffen eine."

Er zückt den Tabaksbeutel und fängt an, sich eine zu drehen. Grunz. Grunz. Yeti ist nicht zufrieden.

„Und was ist mit Napalm Death und Bombe?"

„Ich qualme jetzt eine. Punkt. Hier dreh dir auch eine. Hab heute die Spendierhosen an." „Nö. Kein Bock. Hab grade erst ausgemacht. Oder doch. Gib her."

Vor ihnen, am Spielplatzzaun liegt eine tote Taube. Ameisen krabbeln auf dem Kadaver herum. Die Augen haben sie schon leergefressen. Sind nur noch schwarze Löcher. Sie rauchen und gucken auf die tote Taube. Nicht weit von ihr liegt eine benutzte Fixe mit offener Kanüle. In ihrem Innenleben schimmert ein Tropfen Blut. Yeti wippt ungeduldig mit den Füßen. Er widersteht dem Impuls, die halbgerauchte Selbstgedrehte hinter sich in den Spielsand zu schnippen. Stattdessen schnippt er sie ins Gebüsch. Sie landet direkt neben einem Haufen Hundescheiße.

„Komm! Dawai! Dawai!"

„Gulag oder was?"

Trotzdem erhebt Jesus sich. Ein kurzer Schmerz zuckt über sein Gesicht. Er zieht an seiner Zigarette, beißt die Zähne zusammen und bläst den Rauch durch die Nasenlöcher. Dann schnippt er die Kippe in den Sandkasten und latscht los.

Bombe wohnt Parterre. Das Sozialamt zahlt die Miete. Wer sonst? Die Bude ist komplett versifft. Sie sitzen am Küchentisch und trinken Billigbier – Sternburger Export, weil das besser ist als Sternburger Pils und sowieso: das Export hat 5,2 Prozent und das Pils nur 4,9. In Bombes Wohnung stinkt es. Alter Aschenbecher, schales Bier und in der Sommerhitze vor sich hin rottende Speisereste geben eine würzige Melange. Im Waschbecken hat sich ein interessantes Schimmelgebirge gebildet. Eigentlich riecht es in fast allen Berliner Küchen, die Yeti kennt, ähnlich. Doch bei Bombe ist der Odeur extremer. Zwei Düfte jedoch, die man anderswo fast überall erschnuppern kann, fehlen in Bombes Melange. Bei ihm stinkt es weder nach Katzenklo, noch nach testosteronverrückten Hunderüden, die alles vollmarkiert haben. Bombe hat keine Haustiere. Nie gehabt. Zu viel Verantwortung.

„Ich habe eigentlich keinen Bock, daß ihr mich hier besuchen kommt. Die Wohnung sieht so scheiße aus," sagt Bombe.

Yeti läßt den Blick umherschweifen. Die Parterrewohnung ist in einem engen Hinterhof gelegen. Nie erreicht sie ein Sonnenstrahl und draußen geht die Dämmerung langsam ihrem Ende zu. Die Elektrizitätswerke haben Bombes Strom abgedreht. Sie sitzen bei Kerzenlicht und Dunkelheit hüllt gnädig ihren Mantel um das Chaos aus Gegenständen, die überall auf Tisch und Boden verteilt liegen. Yeti hat gute Augen. Er sieht ein Campingzelt, ein Fotostativ, eine Zahnbürste, teilweise zerknüllter, teilweise gefalteter Papierkram, der amtlich aussah und nach Ärger roch, viele leere Flaschen und viele leere Dosen. Es gibt nur zwei Stühle. Yeti hockt auf einem umgedrehten Bierkasten.

„Ich bring mal das Bier ins Klo," sagt er und steht auf.

„Hoffentlich mußt du nicht kotzen," wünscht ihm Bombe.

Die Kloschüssel ist vollständig übergilbt mit Urinstein. Klobürste Fehlanzeige. Bombe und seine gelegentlichen, unerwünschten Gäste scheinen nicht die Zielsichersten zu sein. Kein Wunder, wenn man bedenkt, daß Bier ihr Haupt- und Grundnahrungsmittel ist. Braune Schmierstreifen zieren den Urinstein auf der Kerramik. „Schokolade", denkt Yeti und ist froh, daß er nicht kotzen muß. Menschenpisse stinkt anders als Tierpisse. Wenn Rüden oder Kater in die Ecke markieren... ok, da kann man nichts machen. Das hat ja noch irgendwie etwas Edles, ist schließlich Natur. Nicht so der alkoholgeschwängerte Menschenpissegestank in Bombes Klo. Der hat nur Kaputtes, ist Depression.

Yeti setzt sich wieder auf seinen Bierkastenplatz und ist mit der Nasenspitze auf einer Höhe mit der Tischplatte.

„Kommt. Laßt uns bald mal abdüsen. Napalm Death. Sonst verpassen wir die."

Bombe ist von der selben Schule geflogen, wie Jesus und Yeti. Aber im Gegensatz zu den anderen beiden richtig unspektakulär. Hatte einfach keinen Bock mehr gehabt und ist kaum noch hingegangen. Da haben ihn die Pauker abgesägt. Man sieht sich zwar nicht so oft. Aber trotzdem: von derselben Penne geflogen zu sein schweißt zusammen wie ein unsichtbares Band, das ein Leben lang hält.

„Wartet mal. Mir tun die Füße weh."

Jesus humpelt jetzt. Er kann kaum noch einen Fuß vor den anderen setzen.

„Ey. Einlaß war vor ´ner Stunde. Die fangen gleich an zu spielen. Seit Wochen freue ich mich auf dieses Konzi und wir hängen hier rum im Nirgendwo!"

„Wir hängen im Limbo, haha."

Bombe bleibt gelassen. Klar mag er Napalm Death. Aber er war schon auf so vielen Konzerten, und gegen Begeisterung ist er sowieso resistent. Es ist dunkel geworden. Die drei Wessis sind noch nicht besonders weit gekommen. Yeti hat keine Ahnung, auf welcher Straße sie gerade laufen. Abseits der großen Verkehrsachsen kennt er sich in West-Berlin nicht so gut aus. Egal. Bombe kennt den Weg. Jesus setzt sich in einer Parklücke auf den Kantstein des Bürgersteigs und macht die Beine lang.

„Ich brauch ne kurze Pause. Eine Kippenlänge könnt ihr mir ja wohl gönnen."

Sein Van Nelle Beutel macht die Runde. Es ist nur noch Krümeltabak drin. Bombe zieht das grüne Blättchen aus der Marie-packung. Es signalisiert, daß nur noch zehn Stück in der Hunderter-Packung übrig sind. Er nimmt es zwischen Daumen und Zeigefinger, hält die Flamme seines Feuerzeugs an den dünnen Zellstoff und läßt es abbrennen. Als nur noch ein winziges grünes Dreieck zwischen den Fingern ist, läßt er los und sieht dem schwarzen Aschegespinst beim Aufsteigen zu. Ein Windhauch erfaßt es und trägt es ein paar Meter lang durch die Luft, ehe es in der Gosse landet.

„Blättchen sind fast alle," sagt er. „Diesen Winter hänge ich mich auf."

Irgendwie kriegen sie ihre Zigaretten zusammengefaltet. Sie qualmen und spucken Tabakkrümel in die Gosse.

„Erzähl doch nochmal, wie du vom Dach gefallen bist," verlangt Jesus und sieht dabei Bombe aufmunternd an.

„Was soll ich da groß erzählen? War halt besoffen und irgendwann hatte ich Luft unter den Füßen."

„Und du bist echt genau auf der Couch gelandet?"

„Die war danach am Arsch. Wir hätten auch besser unten im Hof saufen sollen. So wie sonst auch. Aber diese beiden Weiber wollten unbedingt den Sonnenuntergang sehen. Naja."

Yeti schaltet sich in die Unterhaltung ein.

„Ey. Du und Pity. Unglaublich daß ich gleich zwei Leute kenne, die so einen Sturz überlebt haben."

„Pity, der verdammte Krüppel, haha! Fliegen war geil. Aber Landen hat Aua gemacht. Was treibt Pity eigentlich so."

„Keine Ahnung. Hab keinen Bock mehr auf den, seitdem der bei uns in der Bergstraße diesen armen Kampfhundewelpen zu Tode geliebt hat. Der hat ja mal kurz bei uns gewohnt. Arschloch. Hat den immer in den Bauch getreten dauernd für irgendwas bestraft. – In den Backofen gesteckt und so. Als wir ihm den Welpen wegnehmen wollten ist er mit ihm abgezischt. Und dann war der Welpe auf einmal tot. Seitdem hab ich keinen Bock mehr auf Pity."

Sie trotten durch eine Welt aus Stein. Die Straßenbäume sind Oasen düsteren Grüns, trostlos im Neonlicht der Laternen. Es kommt Yeti endlos vor. Alle paar Meter muß Jesus anhalten. Die Pilzinfektion hat seine Fußsohlen in rohes Fleisch verwandelt; rohes Fleisch, das stinkt und fault, das man aber nicht riecht, weil es luftdicht eingepackt ist in weiche Turnschuhstiefel aus grünem Wildleder.

„Wir können eigentlich umdrehen. Die spielen doch schon längst. Wenn wir Glück haben, erwischen wir noch die Zugabe," meint Yeti.

„Den Eintritt," überlegt Bombe, "haben wir auf jeden Fall gespart."

„Weiter weiter. Es geht schon", sagt Jesus und setzt sich höchstens drei Minuten später schon wieder hin. Diesmal diente ihm die Motorhaube eines Ford Mondeo als Sitzfläche.

So schleppten sich die drei dahin. Bombe und Yeti starteten halbherzig einen Versuch, Jesus unter die Arme zu greifen und ihm Seit an Seit ihm im Stechschritt zur Höchstgeschwindigkeit zu verhelfen. Das ging kurz gut. Aber dann ernteten die zwei eine Menge wehleidiges Geschrei von Jesus, so daß sie es wieder dran gaben. Im Schneckentempo ging es zum Urbankrankenhaus vorbei. Jesus steuert die überdachte Sitzbank vor dem Haupteingang an. Sie hat sogar einen Aschenbecher. Einmal sitzend fällt er eine Entscheidung.

„Ich geh da jetzt rein."

„So geht´s nicht weiter," sagt Bombe und lacht sein depressives Lachen.

Der Glaskasten der Notaufnahme ist verlassen. Ein Computerbildschirm strahlt grünes LED-Licht auf einen leeren Drehstuhl. In einer Ecke sitzt ein betagtes türkisches Ehepaar in Wartehaltung. Die Frau verbirgt das breite Becken unter weiten Stoffen und trägt ein geblümtes Kopftuch. Ihr schnauzbärtiger Mann trägt einen verschlissenen grauen Anzug. Die Runzeln in ihren alten Gesichtern erzählen von einem Leben der Arbeit und der Entbehrung. Langes Warten ist nicht wirklich Jesus' Ding. Ohne lange zu fackeln verschwindet er durch die beiden schweren, eiterfarben vergilbten Western-Saloon-Türen in den Flur der Ambulanz. Bombe und Yeti setzen sich ein paar wacklige Stühle von dem türkischen Pärchen auf ihre Ärsche und machen sich auf eine ausgedehnte Warterei gefaßt. Was drohte, endlos zu werden, währte jedoch wiederum höchstens drei Minuten.

Die Glastür zum Wartebereich fliegt auf. Von draußen kommen drei Rettungssanitäter, eine Krankenschwester und ein Notarzt gestürzt. Im Laufschritt schieben sie eine Krankenbahre herein. Um den Mann auf der Bahre scheint es nicht besonders gut bestellt zu sein. Sein Gesicht schimmert verzerrt durch das durchsichtige Gummi einer Atemmaske hindurch. Einer der Sanis pumpt die Herzrhythmusmassage. Alles im Laufschritt. Die fünf Weißkittel schreien sich gegenseitig mit Fachchinesisch aus der Notfallmedizin an. Bombe und Yeti verstehen kein Wort. Es geht auch alles ziemlich schnell. Denn genau in dem Augenblick, als die enthusiastischen Lebensretter an den beiden verhinderten Konzertbesuchern vorbeihasten, um die Western-Saloon-Türen mit energischem Schwung aufzustoßen, öffnet sich diese ihnen entgegen und führt zu einem abrupten Halt des Notfall-Trosses, in dessen Verlauf die Rettungskräfte nicht schnell genug bremsen können und die Bahre gegen einen der Türflügel knallt. Den Patienten scheint dies nicht großartig zu stören. Jedenfalls läßt er keine Anzeichen einer Reaktion erkennen. Jesus steckt den Kopf zwischen den Türflügeln hindurch, spotet mit sicherem Instinkt den Arzt in der Gruppe und spricht ihn an.

„Ich habe große Schmerzen. Können Sie mal einen Blick auf meine Füße werfen?"

Eine Sekunde lang steht die Welt der Lebensretter still. Sie pumpen nicht mehr, Schreien nicht mehr, und stehen ganz still, die Gesichter zu Jesus gewandt. In aller Mienen spiegelt sich blankes Unverständnis. Dann geht es weiter. Sie stoßen Jesus aus dem Weg, rennen wieder und schreien noch lauter als davor. Durch die schwingenden Western-Saloon-Türen sehen Bombe und Yeti, wie Jesus dem Notfall-Troß hinterhergeht. Später dringt schwach der Piepton eines EKG aus den Eingeweiden des Krankenhauses hinein in den Wartebereich. Als der Piepton sich in eine Flatline verwandelt, lacht Bombe wieder seine Depressivenlache und sagt:

„Die Maschine mit dem Piep."

Die Western-Saloon-Türen schwingen auf. Mit unbeteiligtem Gesicht kommt Jesus aus der Ambulanz gelatscht. Ein Fall von Wunderheilung. Er kann wieder gehen. Den ganzen Rest des Abends läuft er ganz normal ab. Für das Konzert ist es sowieso zu spät. Also ab zum Späti, noch ein Bier gezwitschert und dann tschüs. Jesus Füße sind kein Thema mehr.

Fixer versus Flitzer

Jesus ist tot und Yetis Schwanz schlackert halbsteif in der Abendbrise, während er nackt, in großen Schritten das Ufer des Liebnitzsees abrennt. Wie konnte es soweit kommen, daß er vor entzückten Flaneuren den Flitzer gibt, während zeitgleich sein bester Kumpel in düsterer Hinterhofbehausung den Löffel abgegeben hat. Um diese Frage klären zu können, müssen wir zu allererst einen Blick auf ebendiesen abgegebenen Löffel werfen. Das Essgerät besteht aus billigem Aluminium und trägt, eingestanzt im Löffelstiel, den Aufdruck VEB Alekto. Die Unterseite des Löffels ist geschwärzt von Kerzenruß. In der Laffe klebt ein Stück Watte und ein eingetrockneter, kleiner, brauner Rest Heroin. Der tote Jesus ist indes nicht allein mit dem Alu-Löffel. Neben dem Löffel auf dem Fußboden, auf kackbraun mit Ochsenblut gestrichenen Dielen aus bester märkischer Kiefer liegt Zindy, Fensterstürzerin von Pity, dem verdammten Krüppel. Sie ist immer noch wohnungslos und ebenfalls tot und hat den Kopf auf Jesus' Unterschenkel gebettet, die ihrerseits zusammen mit dem Rest von Jesus auf seiner speckigen Matratze ruhen. Eine unbequeme Stellung auf Dauer, sicherlich. Aber das ist gleichgültig, egal. Cést kif-kif, wie die Marocs sagen. Die beiden sind ja tot. Sterben beginnt mit der Geburt. Kaum waren Jesus und Zindy den mütterlichen Mösen entkrochen, begann der Verfall. So wie bei allen von uns. So weit, so normal und Jesus hat ja eh nie vorgehabt, alt zu werden.

Jesus‘ Agonie setzte ein als Günni an den Helmikiez zieht. Günni ist ein smarter Jüngling von hoher Statur mit Schulterlangen, braunem Haar, das er offen oder zum Pferdeschwanz gebündelt trug. Selber drückt er nicht, raucht höchstens ab und zu eine Base zur Qualitätskontrolle. Er stammt aus Hamburg, wo auch seine Connection herkommt und finanziert sich das BWL-Studium mit Schoredealen. Das Hamburger Heroin ist besser, als das Berliner. Ist ja auch ein Hafen. Günnis Connection sitzt quasi direkt an der Quelle. Günni streckt es auch nur ganz wenig. Er verehrt nämlich einen altmodischen Prof, der seinen Studenten Tag für Tag einbläut auf Qualität zu setzen. Er scheißt sich was auf die neumodischen Plastik-Kapitalisten mit ihren Sollbruchstellen. Qualität und nur Qualität ist was am Ende zählt. Alles andere ist Betrug am Kunden.

Das Problem mit Günnis hoher Dealermoral ist, daß die Berliner Junkies die miese Quali gewöhnt sind und sich bei der guten gerne mal mit der Dosierung vertun. Mit anderen Worten: Günnis Kunden sterben wie die Fliegen. Seinen Geschäften tut das keinen Abbruch. Es wachsen ja ständig neue Kunden nach. Deshalb zuckt er bei jeder neuerlichen Todesnachricht einfach bedauernd mit den Schultern und bleibt seiner Linie und seinen hohen Qualitätsstandards weiter treu. War ja nicht seine Schuld, daß die abgefuckten Berliner direkt reihenweise krepierten, sobald man denen einen halbwegs geilen Stoff lieferte. Und überhaupt. Welcher andere Pusher setzte sich schon zu den Suffis an den Helmi und teilte sich da sein Bier. Dort hat er auch Jesus kennengelernt. Die beiden haben sich direkt ins Herz geschlossen. Natürlich läßt Jesus sich anfixen. Verreckt auch nicht sofort, weil er als Neueinsteiger sowieso mit Minidosierungen hantiert, was nicht zuletzt an seinem chronischen Kohlemangel liegt.

Zu dem Zeitpunkt, als die Geschichte sich zuträgt, ist es bereits eine Weile her, daß Terror neben dem toten Schüssel aufwachte. Schüssel in seiner stürmischen Art war ja der erste gewesen, der den Reigen des großen Heroinsterbens auf dem Heli eröffnet hat. Als nächstes waren Keule und Jana in der Schliemannstraße 10 dran gewesen. Die waren zwar nicht an einer Überdosis gestorben, sondern an einer brennenden Kerze. Aber das Heroin hatte auch hier seine Finger im Spiel gehabt. Die verhängnisvolle Kerze stand wackelig auf dem Dielenboden neben ihrer Schaumstoffmatratze. Wären die beiden nicht so zugedröhnt gewesen, hätten sie wohl daran gedacht, sie auszupusten. So aber brannte in der kalten Dezembernacht des zweiten Weihnachtstages die weiße Haushaltskerze, die Jana im Zehnerpack zu einer Mark Vierundsiebzig bei Schlecker erworben hatte, bis zum Boden runter, verflüssigte sich zur Wachslache, kroch Richtung vollgewichsten Laken, verwandelte dieses in einen überdimensionierten Docht, funktionierte es um zur Schicksalsmaschine und verwandelte bis zum Eintreffen der glorreichen Berliner Berufsfeuerwehr aus der Feuerwache Oderberger Straße, die oberen zwei Geschosse des Hinterhofgebäudes, das wie ein Vorderhaus wirkte, weil das wirkliche Vorderhaus im zweiten Weltkrieg weggebombt worden war, in ein Flammenmeer. Man fand ihre beiden Körper zusammengebacken zu einem einzigen, grausig schwarz entstellten Laib. Advent, Advent, ein Lichtlein brennt. Obwohl; stimmt ja gar nicht war ja schon Weihnachten. Dann wohl eher: Macht hoch die Tür, die Tor macht weit. Es kommt der Herr der Herrlichkeit.

Die plötzlich wohnungslos gewordenen übrigen Bewohner der Schliemannstraße 10 organisierten sich ein leeres Ölfaß, in das sie im unteren Teil mit der Spitze eines Latthammers eine Reihe von Lüftungslöchern hämmerten, bevor sie es mitten auf dem Helmi vor die Parkbänke platzierten. Fertig war der Bronxelberg. An Bauholz und Weihnachtsbäumen herrschte kein Mangel. Und so loderte viele Tage und Nächte lang ein lustiges Feuerchen in der Tonne. Unter trübem Winterhimmel, bei eisigen minus fünfzehn Grad bescherte es den Trinkern von vorne Wohnzimmertemperaturen während im Rücken die Tiefkühltruhe das Sagen hatte.

Damals war Yeti noch dabei gewesen und hatte den Leuten Gesellschaft geleistet in ihrer Wohnungsnot, auch mal ein paar Bierchen springen lassen und manch einen Tannenbaum in die Tonne gestopft. Oh du Fröhliche dachte er dann, als die Funken sprühende Flammensäule gen Wolkendecke stob. Kaum einer sprach von Keule und Jana. Es war, als hätte es die beiden nie gegeben. Yeti kannte das große Junkiesterben ja schon vom Bonner Loch. Man konnte nicht unbedingt sagen, daß die Ost-Junkies schneller starben, als ihre Kollegen im Westen. Aber sie krepierten irgendwie unschuldiger. So wie Kinder, die starben bevor der Kapitalismus die Chance bekam, sie zu versauen.

Auf den grimmen Winter folgt ein heißer Sommer. Yeti macht sich nichts aus Schore und aus Sterben schon gar nicht. Dafür findet er das Leben viel zu einmalig. Klar hat er schon das ein oder andere Blech gebased. Heiliges Blechle, wie sein Spätzlefresserkumpel aus Stuttgart zu sagen pflegt. Da fliegt mir gleich das Blech weg. Prinzipiell hält er so gut es geht Abstand von Junks. Gestern noch dein bester Kumpel, zockt er dich heute gnadenlos ab. Hauptsache, er kriegt seinen nächsten Schuß. Binsenweisheit. Aber leider wahr.

Da hängt er doch lieber am Liebnitzsee ab. Dort hat man keine Probleme mit Ozonverseuchter Luft. Man kann sich schwimmend abkühlen, nackig im zeckenträchtigen Gras liegen, mit ebenfalls nackten Bräuten flirten und muß allenfalls darauf achten, daß aus dem Halbsteifen kein Knallharter wird. So auch an diesem Tag. Als er aus dem Wasser zurückkommt haben zwei nackte Bräute ihr Handtuch zwei Meter neben seinem ausgebreitet. Er trocknet sich ab, legt sich hin und verschränkt die Arme hinter den Kopf. Eine der Bräute sitzt im Schneidersitz, als wäre es das Natürlichste von der Welt und bietet seinem Blick freie Bahn auf ihre Schamlippen. Zeit sich auf den Bauch zu drehen und sich die Halbschattensonne auf den Arsch brennen zu lassen, während der granatenharte Schwanz auf den weichen Sumpfboden drückt. Ein gutes Hilfsmittel in dieser Situation sind die Gedanken an den mit gebleckten Zähnen schwarz grinsenden Jana-Keule-Laib. Er stellt sich das Skalpell des Bestatters vor, das den Laib entzweischneidet, weil Keule und Jana ja einzeln, jeder für sich zum Einäschern in den Krematoriumsofen geschoben werden müssen.

Sie sind mit der S2 nach Bernau gefahren und von da aus die letzten Kilometer geradelt. Gipsy und Schrat sind auch mit von der Partie. Tarzan zieht einen Anhänger hinter seinem Rad her, in dem er seine neueste

Errungenschaft transportiert: ein Luftbett. Damit werden sie übersetzen auf die Insel. Großer Werder heißt die und hat neben saisonalen Fährbetrieb, Insulanerklause und Campingplatz, einen waschechten Sandstrand zu bieten. Mit Tarzans Luftbett hat es folgende Bewandtnis: Tarzan hat einen Otto-Katalog in die Finger gekriegt. Schnell macht sich beim Durchblättern all der kapitalistischen Herrlichkeiten die ernüchternde Unerschwinglichkeit breit. Bis Tarzan die zündende Idee kommt ein wenig kriminelle Energie in die Luft zu blasen.

Als erstes sieht er sich nach irgendeiner leestehenden Bude um. Er tritt das Brett weg und zieht ein. Kein Strom. Dafür Gas und Wasser. Perfekt, denkt er sich und nagelt mit Hammer und Nagel die Tür wieder zusammen. Jetzt heißt es, einen Fantasienamen ersinnen. Karl Bukowski, oder doch lieber Dr. Wilfried Seltsam? Am Ende schreibt er Johann Weißmüller über seine neue Adresse auf die Otto-Bestellkarte. Jetzt heißt es bestellen bis der Kuli raucht. Kompakt-Stereoanlage, Glotze, Videorekorder, CD-Halter, Kühlschrank. All diese Ostler-Träume. Nur keine Waschmaschine, weil er nämlich keinen Bock hat, sich einen krummen Buckel zu schleppen. Und weil auf dem Bestellformular am Ende noch Platz war, kommt das Luftbett mitsamt Luftpumpe auch noch auf die Liste. Einfach eine urgeile Luftmatratze.

Dann heißt es abwarten und Goldbrand trinken und nicht vergessen, den Flur zu fegen. Irgendwann klopft es am zusammengenagelten Türbrett. Der ganze Kladderadatsch wird keuchend die Treppe hoch geliefert und von Tarzan mit Krickelkrakelunterschrift quittiert.

Er lächelt den Lieferanten freundlich zu und sagt tschüssi, als sie gehen. Für den Auszug nimmt er sich Zeit, bis die erste Mahnung eintrifft. Nun braucht er nur noch mit Punk-Mucke, Van-Damme-Videos und der Atari Jaguar Konsole auf den Sommer warten, um das Luftbett auf dem Liebnitzsee einzuweihen.

„Los. Pump noch mehr! Das Ding ist noch nicht hart genug. Los, pump!“

Tarzan läßt Hivve pumpen. Derweil hat Yeti bereits herausgefunden, daß die beiden Bräute neben ihm im Gras Mandy und Charlotte heißen. Mandy ist groß und schlank und hat lange braune Haare. Charlotte ist klein und zierlich und hat lange rote Haare. Ein Blick auf ihren Busch bringt Yeti die Gewißheit, daß da kein Henna im Spiel ist. Beide sind tätowiert. Mandy mit einem Arschgeweih, das Yeti ausgesprochen sexy findet. Charlotte trägt einen Traumfänger zwischen die Schulterblätter graviert. Und beide haben Bombenfiguren und sind sehr nett und gesprächig und zutraulich und können toll lächeln. Ihre Blicke auf den halbsteifen Schlauch zwischen seinen Beinen sind dezent. Er zeigt ihnen, wie man ein Erdloch raucht. Zuerst geht er zum Holunderbusch, dem sanften Schattenspender und köpft ihn. Rootsman. Yeah. Hippy-Punk. Hat immer das Fahrtenmesserchen parat. Er schneidet ein Röhrchen zurecht und stochert mit einem Stöckchen darin herum, bis es frei von dem weißen Mark ist. Mit dem Zeigefinger bohrt er zwei Löcher in den Boden. Eins für das Hollunderröhrchen, eins für die Mischung. Er raucht wieder mal Tabak. Rückfall. Ein ordentlicher Tabakboden ist Pflicht. Sonst rauscht die Mischung direkt durch. Der Fuffi ist noch ganz frisch. Vor dem

See noch auf einen Sprung bei Günni rein. Der hat nicht nur Schore im Angebot, sondern auch echt guten Pollenmarok. Er bröselt anständig Pollen in die hohle Hand.

„Habt ihr Tabak?"

„Hier haste ´ne Cabi."

Charlotte gibt ihm eine Cabinet. Tabak und Haschisch gut durchmischen und rein damit ins Erdloch. Jetzt das Zippo anschnippen und in die Hocke gehen. Mit baumelnden Gehänge und hochgerecktem Arsch raucht er das Erdloch an. Der Rauch schmeckt angenehm kalt. Man kann ihn schön tief in die Lunge ziehen, ohne husten zu müssen. Mutter Erde halt. Nach ihm dürfen Mandy und Charlotte ran. Baumelnde Titten und in die Höhe gereckte Ärsche. Das Natürlichste von der Welt. Yeti dreht sich auf den Bauch und denkt an den Keule-Jana-Laib.

„Los Hivve, pump!"

„Aber die ist doch schon knallhart."

„Ein büschen jeht noch."

Tarzan drückt mit der flachen Hand auf das Luftbett.

„Nur noch och een kleenet büschen."

Via Keule-Jana-Laib schweben Yetis Gedanken zum 14. Februar. Valentinstag. Tag der Liebenden. Eine fahle Sonne sendet Sehnsucht nach Frühling durch kahle Kronen. Die Linden lassen erste Knospenansätze erahnen. Er hat Jesus' Geburtstag vergessen. Wäre eh nicht hingegangen.

Günni, der einen Narren an Jesus gefressen hat, hat Geburtstagssonderrabat gegeben. Die Junkies feiern oben bei Cholerika. Die heißt eigentlich Erika, hat Temperament und geht anschaffen. Früher sah sie mal super aus und die Freier zahlten gutes Geld. Heute sieht sie scheiße aus und kann von Glück reden, wenn einer sie für einen Zehner fickt. Auf Pariser besteht sie schon lange nicht mehr. Hat ja eh schon AIDS und die Gebärmutter rausgeräumt bekommen hat sie auch schon längst. Irgendwann war es zu viel des Eiters gewesen. Fixerfeten sind von Natur aus langweilig. Alle liegen nur zugedröhnt rum. Irgendwann fällt irgendwem auf, daß Lila tot ist. Nach ein paar schlappen Wiederbelebungsversuchen legen sie ihn in die Küche und feiern weiter. Beim Ablegen knallt sein Kopf auf die Küchendielen. Ein dumpfer Sound. Er gibt keinen Mucks von sich. Da wissen sie, daß er wirklich tot ist und haben kein schlechtes Gewissen, weil sie zu träge sind, den Notarzt zu rufen. Hätte ja eh nichts gebracht. Nur die coole Party gesprengt.

Als Yeti die Story hört, ist er empört. Nicht daß Lila ein großer Verlust gewesen wäre. War ja nie die größte Leuchte gewesen. Aber trotzdem. Ein netter Kerl, der gut war zu seinem Hund und keiner Fliege was zuleide tun konnte. Und überhaupt. So ging man nicht mit den Leuten um. Auch nicht mit den toten. Den Hund haben die Bullen direkt mitgenommen ins Tierheim, als die Leiche dann am nächsten Morgen endlich doch abtransportiert wurde. Es war die Zeit, als Yeti sich abwandte von Jesus.

Es liegt nicht daran, daß er Angst hatte von ihm beklaut zu werden. Ok, einmal fehlte, nachdem Jesus zu Besuch gekommen war, ein Zwanni, den er in seiner Bude hatte herumfliegen lassen. Aber sowas ist auch vorgekommen, als Jesus „nur“ gesoffen hatte. Hat er ja auch immer direkt zugegeben und zurückgezahlt, sobald er konnte. Bei diesem letzten Zwanni läuft es anders. Jesus schafft es kaum zum Sozialamt, um seine Kohle abzuholen. Am Ende geht es dann aber doch immer, weil der Turkey ihn treibt. Vom Sozi in der Fröbelstraße 17 geht es direkt in die Senefelder Straße zu Günni, Schore kaufen. Da bleibt nichts übrig zum Zurückzahlen. Doch was ist schon ein grünes Stück Papier, wenn es um die Liebe zwischen zwei jungen Männern geht? Gut. Sie haben sich nie die Ärsche gefickt, die beiden. Sind ja keine Schwuchteln. Aber eine Liebe ist es trotzdem; eine platonische, wenn man so will. Nein, es ist nicht der fehlende Zwanni, der nicht mehr zurückgezahlt wird. Es ist etwas Anderes. Yeti wendet sich ab, weil er Jesus aufgegeben hat. Den barmherzigen Samariter zu spielen entspricht nicht seinem Naturell und würde bei einem harten spanischen Macho auch nichts bringen. Den Film haben die beiden schon hinter sich. Damals in Bonn, als Uli Lorenz sich am Bonner Loch totjunkte. Uli Lorenz, der mit Anfang Vierzig so viel älter war, als sie, die beiden grünen Jüngelchen. Uli Lorenz, der Eifler mit Schnauzbart und Jeansjacke, den Jesus verehrte wie einen Vater, weil er so coole Stories kannte aus Amsterdam – Adam, wie er es nannte. Stories von ihm und seiner Frau, einer waschechten Negerin aus Surinam. Die beiden zogen zusammen rum und Yeti merkte, daß Jesus sich von Uli anfixen ließ. Da packte er den Jesus eines Tages am Kragen und warf ihn ins Gebüsch, servierte ihm Backpfeifen, kniete mit beiden Knien auf seinen Oberarmen und schrie Jesus an. Damals wirkte es. Jesus ließ die Finger von der Schore. Kurz darauf krepierte Uli Lorenz, nach galoppierendem Verfall auf einer der vollgepißten Betonetagen im Bonner Loch. Heute ist es für so Geschichten zu spät.

Einmal sieht Yeti Jesus auf einer Parkbank auf dem Helmi hocken. Er setzt sich neben ihn und Jesus erkennt ihn noch nicht mal. Nach ein paar Minuten steht er auf, sagt ciao und geht davon, ohne sich noch einmal umzusehen. In seinem Rücken meint er ein schwaches Tschüs vernehmen zu können.

„Kümmer dich mal um Jesus! Der geht den Bach runter."

Das kommt ausgerechnet von Schmuddel. Schmuddel, der seit kurzem auch einen auf Junkie macht.

„Ey. Letztens war der schon fast hinüber. Hat einfach vergessen zu atmen. Wurde schon ganz blau. Ick hab den ins Leben zurückjeohrfeigt. Hat aber echt lange gedauert."

Yeti kauft im Späti zwei Flaschen Berliner Pils und trabt gedankenverloren in die Raumer Straße 7, wo Jesus sich bei der WiP, als es ihm noch besser ging, im zweiten Stock des Seitenflügels eine Einraumwohnung mit Berliner Zimmer ergattert hatte. Kleiner Ausflug in die Geschichte: Aus der Kommunalen Wohnungsverwaltung (KWV) der DDR war die „Wohnen in Prenzlauer Berg GmbH" (WiP) geworden. Dort bekam man eine Wohnung, solange man einen Wohnberechtigungsschein, ordentlich Nervpotential und Sitzfleisch vorweisen konnte. Nervpotential hatte Jesus immer mehr als genug gehabt. So war es ihm ein Leichtes gewesen den Sachbearbeiter, einen halblinken Westberliner, auf die Spur zu bringen.

Yeti klopft und Jesus öffnet ihm. Barfuß und in Boxershorts schlurft er vor ihm her. Er war ja schon immer hohlbrüstig und mager, ja geradezu rachitisch gewesen. Aber jetzt ist er nur noch ein Skelett, das allerdings zufällig gerade halbwegs klar im Kopf ist und sich freut über Yeti und das Bier. Unter dem einzigen Fenster in der Stube steht ein wackliger Tisch. Daran zwei wacklige Stühle. Sie setzen sich und trinken das Bier.

„Soll ich uns einen kurbeln? Ich hab Superskunk."

„Von Günni? Egal. Ich kiffe nicht mehr. Bekommt mir nicht."

„Schwachsinn. Sollteste wieder mit anfangen. Damit du mal runterkommst von der ganzen Chemie."

Yeti dreht den Joint. Aber Jesus will wirklich nicht kiffen. Also raucht er ihn allein. Junkies haben keinen Bock auf Kiffen. Hasch macht sie nachdenklich, sprich traurig. Heroin ist in der Hinsicht das genaue Gegenteil. Da denkt man an gar nichts mehr. Und ist auch nicht traurig. Yeti läßt den Blick durch das Berliner Zimmer schweifen. Von üppig möbliert kann keine Rede sein. Neben Jesus' Matratze liegt eine Maxi Tube Fungizid Ratiopharm. Unwillkürlich wandert Yetis Blick zu Jesus' Füßen. Sie sind mit Einstichlöchern übersät.

„Ich hab Hunger."

„Du hast ja immer Hunger. In der Küche ist noch etwas Brot. Ich hol's dir."

Jesus steht auf und holt einen halben Laib Mischbrot aus der Küche. Er legt das Brot vor Yeti auf den Tisch, zwischen den Aschenbecher und die Bierflaschen.

„Brotmesser?"

Jesus nimmt das Brot und bricht ihm einen Kanten ab.

„In Spanien ist es fast schon ein Sakrileg, das Brot zu schneiden," sagt er. „Wegen der Religion."

„Ach echt?! Krass."

„Ich war tot. Richtig tot. Totsein war geil. Schmuddel hat mich zurückgeholt. Totsein war wie ein richtig gutes Gefühl. Nur ohne das Gefühl."

„So. Ick hab keenen Bock mehr. Dat Ding is prallevoll."

Hivve perlt Schweiß über die Stirn. Tarzan drückt prüfend auf einer Rippe des Luftbetts herum.

„Knorke. Ick hätt zwar noch´n büschen mehr jejeben. Aber wird schon hinhauen."

Gemeinsam tragen sie das Luftbett ins Wasser, wo sie es beladen. Ein Kasten Berliner Pils, ein paar Flaschen Spreequell Limo, eine Pulle Goldbrand.

„Praktisch, so ein Fahrradanhänger", lobt Tarzan sein Gefährt. „Da paßt echt jede Menge rein."

Yeti stopft seine Klamotten in eine Kaiser´s Plastiktüte – die Große, mit den stabilen Henkeln zu zwanzig Pfennig – und legt sie auf den Bierkasten. Mandy und Charlotte haben auch Lust auf Traumstrand und kommen mit. Ihre Sandalen und Sommerkleider wandern in Yetis Plastiktüte und Charlotte legt die Tüte wieder auf den Bierkasten. Dann schwimmen sie los. Hivve, Yeti und die beiden Bräute schieben das Luftbett. Tarzan liegt hochherrschaftlich oben drauf und läßt sich chauffieren. Strampelt Nacktfröschlis, strampelt! Links und rechts wird die Gruppe flankiert von Gipsy und Schrat, den beiden schwarzen Riesenkötern. Das sonnenbeschienene Lächeln auf Tarzans Gesicht kann man nicht anders als selig nennen. Er verkreutzt die Arme hinter dem Kopf. Die Sonne, die Sonne. Sie brennt heiß an diesem Sommertag. Dunkelblau ist das Luftbett. Fast schon schwarz. Dunkle Farben ziehen sie an, die heiße Sonne. Genau im Mittelwasser zwischen Insel und Festland explodiert das Luftbett. Wahrscheinlich hat es irgendwas mit Physik zu tun.

Wie ein Fisch, der aufs Trockene geworfen wird, so zappelt Tarzan als er absäuft. Kurz umspülen ihn die Fluten. Dann kommt er wieder hoch, spuckt Wasser, sagt noch nicht mal „Scheiße“, sondern beginnt wortlos und seltsam verbissen in Richtung Großer Werder zu schwimmen. Salve Kapitalismus; die tödlich enttäuschten grüßen dich. Die Hunde umkreisen die Absinkstelle. Yeti sieht die Limoflaschen in die Tiefe trudeln. Dort unten, auf tiefem Grund, warten sie seither auf das Jüngste Gericht. Er grabscht sich die Klamottentüte und hält sie in die Luft. Zappel, zappel einarmig. Hivve erweist sich nicht unbedingt als Meisterschwimmer. Zusammen mit dem sinkenden Gummi des eben noch stolzgeschwellten Luftbetts geht er unter. Gluck, gluck. Yeti sieht Unterwasser den Bierkasten abgleiten. Er muß sich entscheiden. Hivve oder der Kasten. Er entscheidet sich erstmal für den Kasten. Ein schneller griff und er hat ihn. Strampel, strampel, oberstrampel; ganz ohne Arme. In der einen Hand der schwere Kasten, der ihn nach unten zieht, in der anderen die Klamtottentüte, die nicht naß werden soll und immer noch kein Hivvekopf auf der Wasseroberfläche. Yeti steht kurz davor, Bierkasten und Klamottenkiste den Fluten zu überlassen und den Tauchgang einzuschalten. Da stößt mit einem Schwall, Hivve bis zur Brust aus dem Wasser und reckt im Triumph die Goldie Flasche in die Höhe. Strampel, zappel, prust. Charlotte, ihr langes rotes

Haar hinter sich her ziehend, gleitet ihm zu Hilfe. Sie packt den Kasten. Zu zweit läßt es sich leichter zappeln. Bis zur Insel ist es noch weit. Sie bleiben zwar oben, machen aber keine Strecke. Rettung naht in Form eines Ruderboots. An Bord, angelockt vom Geschehen, sensationsgeil, ein jungsches Stinopärchen. Sie mit langen braunen Haaren. Er mit kurzen. Studenten der Humbold Uni. Mama und Papa von beiden Ex-Politbonzen aus Wandlitz und nach wie vor reich und mächtig. Dumm glotzend denken die beiden gar nicht daran zu helfen.

„Helft uns!"

Der Student beginnt ein Ausweichmanöver zu rudern, hat die Rechnung aber ohne den Wirt gemacht. Yeti platscht Charlotte die Klamottentüte zu, behält den Bierkasten aber in der Hand und zieht durch. Ein paar schnelle Stöße und schon hat er die Hand auf der Reling. Zack, den Bierkasten reingewuchtet und dann heißt es: Alles klar zum Entern.

Please don't you rock my boat, no
'Cause I don't want my boat to be rockin'

„So. Wer ist jetzt hier der Kapitän, ihr Arschlöcher?"

Das Stinknormalearschlöcherpärchen kiekt trotzig bedröppelt aus der Wäsche. Sie schenkt seinem Schwanz eine unverhohlene Betrachtung, ehe sie ihre Augen gen Uferböschung richtet. Charlotte reicht die Kaiserstüte rein ins Boot. Zusammen mit Mandy, Hivve und den Hunden schwimmt Tarzan hinterher. Hivve, mit Schnapspulle in der Hand. Hivve, die Bleiente.

„Worauf wartest du? Soll ick dir kielholen, oder was?"

Wortlos ergibt sich der Jüngling in sein Schicksal und ändert den Kurs. Macht der Zecke den Umsonstfährmann. Bald schon knirscht Sandstrand unter dem Kiel. Yeti greift Tüte und Bierkasten und stößt das Boot mit dem Fuß wieder ab.

„Danke."

Freibeuter. Yeah. Treasure Island, wo sind deine Schätze? Der Strand ist nicht besonders breit, aber der Sand feinster, glazial geschliffener, geradezu holozäner Eiszeitquali. Erst mal ein Bierchen gekippt.

„Prost Leute! Auf die Rettung!"

„Luftbett in Seenot." Tarzan kann schon wieder lachen.

Es wird Zeit für eine Inselerkundung mit Charlotte. Gebüsch gibt es in Hülle und Fülle. Da brauchen sie nicht lange suchen. Hand in Hand geht es ab in die Botanik. Sie küssen sich mit maximal Zunge. Ihre Hand auf seinem Schwanz fühlt sich gut an. Langsam wichst sie ihn, während er mit beiden Händen ihren kleinen Hintern greift. Yeti duckt den Kopf. Seine Lippen berühren ihre milchweißen, weichen Brüste. Er hebt sie hoch. Sie klemmt ihre Schenkel um seine Hüfte und läßt seinen Penis in ihre Vulva gleiten. Rotes Schamhaar. Braunes Schamhaar. So machen sie es eine Weile, bis es ihnen zu anstrengend wird.

„Hier. Halt dich an dem Bäumchen fest. Komm. Ich mach´s dir von hinten."

„Ja. Aber paß bitte auf."

Sie hält sich an einer jungen Esche fest, während er ein zweites Mal in sie eindringt. Ihre Dose ist gut geölt. Sie hat einen wirklich geilen Arsch, findet er.

„Komm Püppchen, wir basen einen."

„Ich hab das noch nie gemacht.“

„Irgendwann ist immer das erste Mal. Du hast doch noch den Zwanni. Leih mir den mal.“

Zindys rosa Mädchenportemonnaie vom Polenmarkt ist brandneu, war aber zu billig, als daß man stolz drauf sein könnte. Der Zwanzigmarkschein darin ist abgegriffen und speckig. Jesus rollt ihn zu einem Röhrchen zusammen, das er auf dem Fußboden deponiert. Er reißt ein rechteckiges Stück Alufolie von der Rolle, die seit einiger Zeit einen festen Platz neben seiner Matratze eingenommen hat. Er faltet die Alufolie in der Mitte, doppelt sie. Akkurat. Das Briefchen in der Brusttasche seiner Levi´s Jacke ist auch akkurat gefaltet. Junkies ist alles scheißegal. Aber Falten können sie. Kein Krümel von dem braunen Pulver darf verloren gehen. Braunes Pulver. Brown Sugar.

She had brown sugar
All over her booga-wooga

Jesus kippt ein paar Krümel Pulver in die Alufolienfalte und steckt sich das Geldscheinröhrchen in den Mund. Flick geht die Feuerzeugflamme. Mit der Flamme wedelt er unter der Alufolie hin und her. Das Pulver verflüssigt sich, wird zum dampfenden Tropfen. Er läßt ihn auf der Folie hoch und runter wandern. Den weißen Dampf zieht er sich durch das Röhrchen rein, schluckt ihn, hält ihn so lange wie möglich drinnen, absorbiert so viel Droge wie er kann. Es riecht chemisch. Er atmet aus. Chemieatem. Danach ein langer Zug an der Zigarette. Sonst kratzt die Chemie zu sehr im Hals und man muß husten. Seine Zunge ist ohne Schwung, als er sagt: „Hier. Jetzt du.“

Zindy nimmt das Blech und macht alles genau wie Jesus, atmet auch chemische Luft, steckt sich auch eine Zigarette an gegen den Hustenreiz. Sie zieht zweimal dran und läßt die Zigarette zwischen ihren Fingern verglimmen. Hat keine Energie mehr zum Rauchen. Länger und länger wird die Aschenspitze. Irgendwann fällt sie ab. Es dauert, bis sie den Glutkegel an ihrer Haut merkt. Da hat sie schon eine Brandblase. Sie drückt die Kippe auf dem Fußboden aus. Eine langsame, träge Bewegung. Nach einer Weile dämmern sie weg in traumlose Betäubung.

Zindys Rumoren in der Küche weckt ihn auf. Der neue Tag ist schon nicht mehr ganz so neu. Als sie einschliefen, war es später Nachmittag gewesen. Jetzt scheint mittäglich die Sommersonne durch das Fenster. Ein Berliner Zimmer ist L-förmig angelegt. Im hinteren Teil, wo die Matratze liegt, wechselt sich Schatten mit Dunkelheit ab. Sie serviert ein Glas Alete – Karotten, Kartoffeln und Rindfleisch -, das sie im Wasserbad erhitzt hat. Etwas Anderes verträgt sein von Alkohol, Nikotin und Amphetaminen zerfressener Magen kaum noch. In dem Glas stecken zwei Teelöffel. Sie trägt es auf einer Untertasse vor sich her. Nach zwei, drei Löffeln hat er keinen Hunger mehr. Er dreht sich eine Zigarette und nimmt einen Schluck schales Bier aus der Flasche, die er gestern nicht mehr geschafft hat. Rauchend sieht er ihr dabei zu, wie sie das Glas leerlöffelt.

„Alete-Baby," sagt sie und grinst. Sie ist jetzt neunzehn. Gerade geworden. Es gab keine Feier. Ihre Hände sind feingliedrig. Kinderhände.

„Du, das hat mir gefallen, das Basen. Sollen wir nochmal?"

„Zu teuer. Ineffektiv. Geht zu viel Stoff bei drauf. Ich steh kurz davor ´nen Affen zu kriegen durch die Baserei. Kann ich mir nicht leisten. Wenn du willst, zieh ich dir ´ne Fixe auf."

„Kriegt man davon nicht AIDS?"

Jesus greift unter ein Bündel Schmutzwäsche, das schon eine ganze Weile des immer wieder herausgeschobenen Gangs zum Waschsalon harrt. Er holt einen Polybeutel Insulinspritzen darunter hervor. Alle steril verpackt und unbenutzt.

„Man muß immer Frische nehmen. Die Teile sind nicht teuer."

Jetzt hat er den Alulöffel in der Hand, den rußgeschwärzten, den mit der VEB-Gravur. Er schüttet etwas Pulver aus dem immer noch recht vollen, akkurat gefalteten Briefchen hinein. Aus einer quietschgelben Plastikzitrone träufelt er ein paar Tropfen Zitronensäure dazu. Auf einer leeren Rotweinflasche steckt ein Kerzenstummel. Er zündet die Kerze an und kocht die Droge mit der Kerzenflamme auf. Durch einen kleinen Wattebausch zieht er das Heroin durch die Kanüle. Mit der Spitze des Zeigefingers schnipst er gegen die Spritze, damit die Luftbläschen nach oben steigen. Vorsichtig drückt er sie raus. Als sich auf der Spitze der Nadel ein feiner Tropfen zu bilden beginnt, ist er zufrieden.

„Gib mal deinen Arm."

Er bindet ihr den Unterarm mit seinem Gürtel ab. Ihre Venen sind frisch und unverbraucht. Jesus braucht trotzdem lange, um eine zu treffen. Als Onkel Doktor hat er noch nie getaugt. Mit ernster Miene stochert er in ihrem Arm herum. Sie beißt sich auf die Lippen und sagt keine Silbe. Einmal stöhnt sie leise. Endlich sitzt die Kanüle. Mit aller Fingerfertigkeit, die ihm zur Verfügung steht, zieht er eine feine, rote Blume aus Blut in die Spritze. Gebannt betrachten die beiden die Blume. Der Einstich tut ihr weh. Jesus drückt ab. Kurz, trocken, brutal, spanisch. El Matador, olé! Er löst den Gürtel um ihren Arm. Jetzt hat die Droge freie Bahn. Sie kippt um. Ihr Kopf landet auf seinem Bein. Er läßt ihn dort, weil er das Gefühl der Nähe mag. Nach einer Weile greift er zum Van Nelle Beutel und dreht sich noch eine Zigarette. Rauchend trinkt er das schale Bier in kleinen Schlücken, denkt an Yeti.

Das letzte Mal, an dem sie sich begegnet sind, ging Yeti die Raumer Straße runter, während Jesus katatonisch auf der Bank vor dem Pavillon in der Sonne saß. – Ordentlich doon. Verwilderte Laborratten, manche von ihnen schwarz-weiß gefleckt wie friesische Kühe, wimmeln zu seinen Füßen. Sie nagen an einer eingetrockneten Hundekotwurst und haben keine Scheu vor diesem Menschen. Yeti hat die Straßenseite gewechselt und so getan, als sähe er ihn nicht. immer noch sauer wegen Lila.

Als Jesus merkt, daß er Zindy umgebracht hat, kippt er den kompletten Inhalt des akkurat gefalteten Briefchens auf den Alulöffel, kocht ihn auf und pustet die Kerze aus. Dann gibt er sich den goldenen Schuß.

Ohne es jemals zu wissen, zeugte Yeti in genau diesem Moment einen gesunden Jungen, der jedoch nach nur zweimonatiger Fötalexistenz, sein Dasein zerstückelt im edelstählernen Nierenbecken eines Oranienburger Engelmachers beendete. Das mit dem „Paß auf!“ hat er geflissentlich vergessen. Genau im Augenblick von

Jesus Tod füllt er Charlottes Möse bis zum Rand. Sie spürt das Pochen in ihrer Gebärmutter und preßt mit aller Kraft ihr Becken gegen seins. Als er seinen Schwanz rauszieht tropft Sperma nach. Sie schenkt ihm diesen Blick in dem Vorwurf und Genuß gepaart sind.

Sie waschen sich im See und kehren händchenhaltend zurück an den Strand, wo Mandy entspannt für nahtlose Bräune sorgt und Tarzan und Hivve Bier trinken. Yeti holt zwei Flaschen aus dem Kasten, der zum Kühlen im Wasser steht und macht sie mit dem Feuerzeug auf. Eine gibt er Charlotte. Sie stoßen an. Das Bier hat angenehme Seetemperatur. Ab und zu macht der Goldbrand die Runde, während sie den Schatten beim Längerwerden zuschauen. Alle nippen nur kurz. Der Schnaps läuft nicht so richtig. Es gibt ja keine Limo mehr zum Nachtrinken. Rot versinkt die Sonne hinter Buchenwipfeln. Es wird frisch. Ein Ruderbötchen liegt unter einer Erle mit dem Bug auf dem Strand. Der Ruderer, ein Sommerfrischler mit Rucksack und Hornbrille erklärt sich bereit, Tarzan, die beiden Mädchen und ihren ganzen Kram, den leeren Kasten, die Klamotten und so weiter, zurück aufs Festland zu bringen. Yeti, Hivve und die beiden Hunde schwimmen schon mal vor. Sie wählen die kürzeste Distanz und sind schon fast am anderen Ufer angelangt, da sehen sie, daß der Ruderer einen ganz anderen Kurs eingeschlagen hat. Mit den beiden mittlerweile angezogenen Mädchen und einem angezogenen Tarzan rudert er nicht den beiden Nackedeis hinterher, sondern fährt natürlich zurück zum Bootsverleih am Eingang des Waldbads, das am Westufer liegt. Das liegt ein gutes Stück entfernt und ist zum Schwimmen zu weit. Naß und triefen entsteigen sie zwischen Baumwurzeln und Schilf dem Wasser und sehen das Ruderboot hinter der Insel verschwinden. Jetzt heißt es Flitzen. Die Spaziergänger freuen sich. Lachende, alte Schachteln strecken ihre Zeigefinger aus. Hivve und Yeti bleiben ernst. Der Waldboden unter ihren nackten Fußsohlen ist weich. Sie rennen einen strammen Dauerlauf. Fast schon marathonverdächtig. Was für ein Spaß für Gipsy und Schrat!

Als sie im Waldbad in ihre Hosen steigen, hecheln Hund und Mensch. Sie radeln zurück über dämmrige Waldwege. Yeti hat einen Zettel mit Charlottes Telefonnummer in der Hosentasche. Er wird ihn noch am selben Abend verlieren, als er am Späti im Prenzelberg Kleingeld herauskramt um sein Getränk zu bezahlen. Zum Abschied hat es einen innigen Kuß gegeben. Radelnd kommen sie an einer Ossifamilie vorbei, die um den abendlichen Grill herum sitzen. Gipsy weicht vom Weg ab und stibitzt ihnen von der Glut weg ein Eisbein. Im Vorbeilaufen. Einfach so. Es gibt ein großes Hallo. Der Ossivater liefert sich, Grillgabel in der hochgereckten Hand, eine Verfolgungsjagd mit dem Hund. Natürlich ist Gipsy schneller. Sie halten ihre Räder an und sehen den Hund, Eisbein in der Schnauze, herangaloppieren.

„Gipsy, aus!"

Brav wirft der Hund das köstlich gegrillte Eisbein in den Dreck.

„Jetzt will ich´s nicht mehr. Zahl mir das!"

„Was kostet es denn?"

„Ein Zehner!"

„Hab ich nicht."

Stimmt sogar.

„Hmmm."

Er zieht Leine. Grumpf, grumpf. Armer Grumpfossi. Gipsy macht sich über das Eisbein her. Ratz, fatz ist es weg. Niemand am Helmi fällt so richtig auf, daß Jesus nicht mehr kommt. Oder falls doch, kümmert es keinen. Alle sind viel zu verstrahlt. Jesus' Nachbarn ertragen murrend den Gestank im Treppenhaus. Aber erst als beim Untermieter die Maden von der Decke rieseln, wird die Hausverwaltung angerufen.

Milch

Die Herbstsonne sandte ihre morgendlichen Strahlen durch die Nebelschwaden. Langsam wurden Konturen erkennbar. Pirin Gebirge. Schroffe Abhänge. Endlose Wälder. Auf einer Bergwiese stapfte ein Bär durch den Raureif, den Magen voller Eicheln. In Kashina bellte einsam ein Hund. Die Nacht war kalt gewesen.

Konstantin, seine Hunde und seine Schafe waren die letzten Einwohner von Kashina. Letzten Winter hatte es die Witwe Hristiana und den Witwer Gojko erwischt. Krebs, Schlaganfall, Herzinfarkt? Wer wusste das schon so genau. Sie waren eines Morgens nicht mehr aus ihren Häusern gekommen. Als Konstantin nach ihnen gucken ging, lagen sie tot in ihrem Bett. Erst die Witwe. Dann, ein paar Wochen später, der Witwer. Wahrscheinlich waren sie erfroren. Natürlich waren die beiden Alten ein Paar gewesen. Hatten versucht, es vor ihm, dem letzten Nachbarn, geheim zu halten. Aber er hatte sie immer durchschaut. Selbst als sie einzeln in ihren Betten starben, durchschaute er sie. Jetzt war er allein in Kashina, allein mit den Schafen, den Hunden und den Geistern. Einmal die Woche kam der Käseaufkäufer aus Sandanski und nahm ihm seinen Käse ab. Jedesmal fluchte er dann über die weite, unwegsame Strecke. Jedesmal drohte er, nicht wieder zu kommen und kam doch immer wieder, weil Konstantins Käse der beste war, weit und breit.

An diesem Herbstmorgen jedoch war etwas anders als sonst. An diesem Morgen war Besuch in seinem Haus.

Nach dem Melken rochen seine Hände nach Milch. Er trat in die Wohnstube. Er schlug die mottenzerfressenen Mehlsäcke zur, die ihm als Gardinen dienten zur Seite und ließ Licht in den Raum. Luft kam von selber hinein. Er würde etwas mit der zerbrochenen Scheibe anstellen müssen, ehe der Winter da war. Trotz der steten Frischluftzufuhr stank es nach kaltem Schweiß.

Was war los mit den beiden? Waren die etwa auch tot, kaum dass sie hier angekommen waren? Was sollten die Spritzen? Eine lag achtlos hingeworfen auf dem abgetretenen Teppich. Die andere steckte noch in Radomils Armbeuge. Ein Rinnsal geronnenen Blutes zog sich seinen Unterarm hinab. Sie lag seltsam verrenkt auf dem Sofa, Radomil auf dem Fußboden. Es sah unbequem aus. Krank waren sie ihm schon gestern Abend vorgekommen, gleich, als sie aus diesem klapprigen Lada gestiegen waren, den Radomil angeblich der Rumänen-Mafia geklaut hatte. Das war doch sicherlich auch wieder eine seiner Lügen gewesen. – Als ob die Mafia mit solchen Karren unterwegs wären. Die fuhren Mercedes! Was denn sonst.

Wer krank ist, der kann nicht essen. Die beiden wollten ja auch nichts essen. Als sie dann doch etwas Käse und Brot hinuntergewürgt hatten, haben sie es direkt wieder ausgekotzt. Sie haben versucht es heimlich zu tun. Hinter dem Haus. Wahrscheinlich aus Höflichkeit haben sie heimlich gekotzt. Aber Konstantin war Schäfer. Er bekam stets mit, was um ihn herum vorging. Sonst hätte er schon längst keine Herde mehr, bei den Bären und Wölfen und steilen Abgründen hier oben. Ja. Krank hatten sie ausgesehen. Aber so krank? Da haben ihnen die Spritzen wohl auch nichts mehr genützt. Sie wären lieber zu einem Arzt gegangen, als das selber zu machen.

Das Mädchen war schwanger. Man sah noch nicht viel. Vor allem, weil sie so mager war. Aber Konstantin war Schäfer. Einem Schäfer entging so etwas nicht. Ein Schäfer hat ein Auge für diese Dinge. Wahrscheinlich war ihre Schwangerschaft der Grund, dass er zuerst bei ihr, der Unbekannten, den Puls fühlte und nicht bei seinem Sohn. Er legte zwei Finger an ihre Halsschlagader. Bei Halsschlagadern kannte er sich aus. Wenn er ein Lamm schlachtete, fühlte er dort immer nach dem Strom des Lebens – ehe er ihn mit der scharfen Klinge des Hirtenmessers unterbrach.

Erst war er sich nicht ganz sicher, so schwach war der Puls. Er ließ seine Finger eine ganze Weile auf ihrem zarten Hals ruhen. Sie war ein Roma-Mädchen und bestimmt einmal sehr schön gewesen. Die Schönheit hatte nicht lange gehalten. Er schätzte sie auf Mitte zwanzig. Ihre Zähne waren schwarz verfault oder fehlten. In Gedanken verglich er ihren Puls mit dem Puls der Schlachtlämmer. Was für ein Unterschied an Lebenskraft! Er ließ ab von ihrem Hals. Beim Aufrichten trat er auf den Löffel. Mit diesem Löffel hatte schon sein Großvater die Suppe gegessen. Das Ding war von außen völlig verrußt. Im Löffel befand sich eine eingetrocknete, braune Substanz und ein Stück Watte. Konstantin nahm den Löffel und schob ihn in seine Hosentasche.

Bei Radomil war es das Gleiche, wie bei dem Mädchen. Der Puls war kaum merklich vorhanden. Aber er war da. Konstantin ließ die beiden liegen, wie sie waren. Er sah sich in der Wohnstube um. Nicht weit von der Stelle, wo der Löffel gelegen hatte, entdeckte er das Päckchen. Es war mit Paketband umwickelt. An der Seite war es ein wenig aufgeschlitzt. Als er es hochhob rieselt ein wenig von seinem Inhalt auf den Teppich. Es war ein bräunliches Pulver. Natürlich wusste der alte Schäfer, was das war. Er war ja nicht doof. Wer in diesen Zeiten an der Seidenstraße lebte, der kannte Heroin.

Er durchkramte die Rucksäcke der beiden. In Radomils fand er noch ein Päckchen. Er wog die beiden Päckchen mit der Hand und schätzte ihren Inhalt auf ein Kilo. Wer vom Käseverkauf lebt, der kennt seine Kilos. Auch dann, wenn gerade keine Waage in der Nähe war.

Mit den beiden Päckchen unter dem Arm ging er nach draußen zu dem Lada. Er stand im Hof der Nachbarn geparkt. Der Nachbarn, die es nicht mehr gab. Ihr Haus stand zwar noch. Aber jeden Winter verfiel es ein Stück mehr. Der kleine Holzbalkon hing schon ziemlich schief. Auf dem Dach fehlten reihenweise Ziegel. Wenn das Dach einmal eingebrochen war, ging es meistens ziemlich schnell. Der Regen verwandelte die Lehmziegel in Schlamm. Am Ende bleiben nur die Grundmauern stehen. Bevor dies passierte, würde Konstantin sich eins der Fenster mopsen und mit dem Glas das Loch in seiner Scheibe flicken.

Er betrachtete den Lada. Von der Mafia geklaut! Warum brüstete Radomil sich damit, diese Rostlaube gestohlen zu haben? Autos stahl man nicht von der Mafia, sondern von den Deutschen oder den Holländern. Mercedes, Audi, Volkswagen, aber doch nicht Lada! Er öffnete den Kofferkasten. Die Geheimverstecke zu finden war nicht schwer. Der doppelte Boden unter dem Reserverad, die Kammern über den Radkästen. Sie waren alle leer. Als er sicher war, dass er kein Heroin mehr finden würde, klemmte er sich die beiden Päckchen unter den Arm und ging mit ihnen zum Bach. Auf dem Weg dorthin klimperte der Löffel in seiner Hosentasche gegen sein Klappmesser. Jenseits des Baches sah er seine Schafe äsen. Die Hunde passten auf. Als sie ihn sahen, kamen sie schwanzwedelnd herangelaufen. Sie ließen sich reihum die Köpfe tätscheln und trotteten zurück zu ihrer Herde. Am Bach angekommen zog er das Messer hervor. Er fuhr prüfend mit dem Daumen über die Klinge. Gestern hatte er den Schafen die Hufe geschnitten und danach versäumt, es zu schärfen. Er nahm den Wetzstein aus der anderen Hosentasche und zog ihn über die Klinge. Dies tat er geduldig eine ganze Weile, bis er der Meinung war, es sei genug. Er schabte mit der Klinge ein paar Mal über den Unterarm. Sie rasierte anstandslos die Härchen ab. Einen Augenblick lang betrachtete er sinnend die kahle Stelle Haut. Sachte blies er die Haare in den Bach. Er nahm eines der Päckchen. Die Klinge schnitt durch die Verpackung wie durch Butter. Das Heroin schüttete er in den Bach. Es bildete eine bräunliche Wolke in dem Wasser, die von der Strömung rasch mitgerissen wurde. Bald schon war das Wasser wieder klar.

„Schlaft gut, ihr Forellen", sagte er mit einem Lächeln im sonnengegerbten, stoppeligen Gesicht.

Mit dem zweiten Päckchen verfuhr er genauso.

Auf dem Rückweg zum Haus zückte er noch einmal das Messer. Er kniete sich neben den Lada und stach die Klinge in den linken Vorderreifen. Viermal stach er zu. Viermal entwich die Luft mit einem Zischen. Viermal sackte der Wagen in die Knie.

„Notschlachtung."

Konstantin zuckte mit den Schultern, als es vollbracht war. Er lächelte.

Es dunkelte, als er am Abend die Herde in ihren Pferch gesperrt hatte und seine Haustür aufschloss. Der Angriff kam jäh und unverhofft. Konstantin sprang zurück und schlug Radomil mit dem Hirtenstab das Messer aus der Hand. Er ohrfeigte ihn zurück ins Haus. Das Mädchen stürzte sich auf ihn, grub scharfe Fingernägel in sein Gesicht. Einen kurzen Augenblick lang war sie eine Furie, zeigte, was in ihr stecken konnte. Aber gegen die urige Kraft des alten Hirten, der es mit Wölfen und Bären aufnahm, hatte sie keine Chance. Das Heroin hatte den beiden jungen Menschen die Kraft geraubt. Er schloss sie in der Wohnstube ein und ging in die Küche, aß Käse mit Brot und Tomaten. Es waren die letzten dieser Saison. Er hatte sie vor den Nachtfrösten geerntet.

Am nächsten Morgen brachte er ihnen Milch. Sein Sohn schlug ihm die Schüssel aus der Hand, so wie er selbst es am Abend mit Radomils Messer getan hatte. Die Milch landete auf dem Teppich. Sie zitterten am ganzen Körper, hatten sich die Arme schon ganz blutig gekratzt, schimpften ihn einen Dieb, ein Schwein. Er schloss die Tür wieder und ging zu seiner Herde. Unterwegs hob er Radomils Messer vom Boden auf. Es war ein Kalaschnikow-Seitengewehr aus russischer Produktion, ein AK47-Bajonett. Guter Stahl. Die Klinge war schartig vom stümperhaften Versuch, sie zu schärfen. Als er mit ihr über seinen Unterarm schabte, zupfte sie die Härchen nur, rasierte nicht. Er lehnte das Messer mit der Klinge an das Steinfundament seines Hauses und trat zu. Der Stahl brach mit einem Klirren.

Die Tage vergingen. Anfangs dachte er, das Lämmlein in ihrem Bauch würde es nicht schaffen, hatte es schon abgeschrieben, das Lämmlein. Aber der Bauch blieb und somit auch das Kind. Er schob es auf die Milch. Wenn er tagsüber mit der Herde durch die Wälder streifte, fragte er sich manchmal, ob es sein Enkelkind war, das da unter dem Busen der Romni heranwuchs.

Am dritten Tag hatten sie die Milch nicht mehr ausgeschlagen, hatten angefangen zu trinken. Nach etwa zwei Wochen war Radomil zu ihm gekommen um ihm zu sagen, dass sie hungrig seien. An diesem Tag schlachtete er ein Lamm. Sie brieten das Fleisch über dem Küchenfeuer. Er holte eine Cola-Flasche mit Rotwein aus Melnik hinter dem Küchenschrank hervor. Sie aßen das Fleisch mit Brot und tranken den Wein dazu aus derben Gläsern, die wie der Löffel noch vom Großvater stammten.

Konstantin fragte das Mädchen nach seinem Namen. Sie hieß Lali. Konstantin gefiel dieser Name.

Schon wieder setzte der schwere Wagen mit dem Unterboden auf. Die Innenverkleidung aus Plastik ächzte. Ein S-Klasse-Mercedes liegt tief. Er ist für die gepflegte deutsche Autobahn gebaut, nicht für diese Geröllpiste am bulgarischen Arsch der Welt. Boris machte sich Sorgen um die Ölwanne. Er zog die Makarov aus dem Holster und wog sie in der Hand. Bei Pistolen ging war er nostalgisch. Heutzutage wollten alle Gangster eine Glock. Die sahen einfach zu viele Hollywood-Filme.

Gut, die Glock war leichter. Und treffsicherer als die Makarov war sie auch. Das Kaliber war dasselbe. 9mm. Die Glock bestand zu vierzig Prozent aus Plastik. Boris mochte keine Plastikpistolen. Ihm reichte schon die quietschende Innenverteilung dieser alten S-Klasse Limousine. So etwas gab es bei einem Lada nicht. Da quietschte alles, aber nicht das Plastik. OK. Er würde den Mercedes nicht gegen einen Lada tauschen wollen. Aber bei Pistolen war das etwas anderes. Die Makarov war komplett aus Stahl gefräst. Er benutzte die Makarov für Exekutionen. Da waren Gewicht und Treffsicherheit nebensächlich. Hauptsache, das Ding war zuverlässig. Sollte sie nicht reichen, hatte er im Kofferraum noch einen bulgarischen Kalaschnikow Lizenz Nachbau AK-47M1, für grobe Arbeiten sowie eine Jagdbüchse der deutschen Firma Sauer, Kaliber 7x64 mit Zielfernrohr der ebenfalls deutschen Firma Zeiss, wenn präzise Weitschüsse gefragt waren.

Waffen und Autos waren seine Lieblingsspielzeuge. Davon verstand er was. Überhaupt, der Lada! Was bildeten sich diese beiden Junkies eigentlich ein, einfach mit dem Transportauto und dem Kilo Heroin die Sause zu machen. Das konnte er ihnen nicht durchgehen lassen. Als ob er sie nicht finden würde! Boris fand jeden in Bulgarien. Seine Fühler reichten bis ins letzte Geisterdorf. Das hätte ihnen ja wohl klar sein müssen. Gut, dumm waren die nicht. Die hatten kapiert, dass sie das Ablenkungsmanöver waren, dass sie mit ihrem einen Kilo an der Grenze erwischt worden wären, damit der 100 Kilo-Transport problemlos durchginge. Deswegen hatten sie sich aus dem Staub gemacht. Boris war die hundert Kilo los und die Bestechungssumme für den

Kontaktmann an der Grenze konnte er auch abschreiben. Sehr ärgerlich.

Boris lud die Pistole durch und steckte sie in den Hosenbund. Mit sanftem Druck auf dem Gaspedal bewegte er den Mercedes über die Piste. Sein Mund wurde trocken. Er dachte ans Töten, ans Töten, das vor ihm lag und an all die Male in seiner Vergangenheit. Er hatte schon viele getötet: Männer, Frauen, Kinder. Kinder töten war zwar nicht schön, aber manchmal notwendig. Man musste an die Zukunft denken. Aus Kindern konnten Rächer werden. Beim Denken an die von seiner Hand getöteten Kinder verkrampfte sich sein Körper. Unwillkürlich gab er mehr Gas. Der Unterboden des Mercedes schlug mit hartem Knall auf einen Felsbrocken auf. Boris drosselte das Tempo. Etwa drei Minuten nach dem Knall leuchtete das rote Öllämpchen im Armaturenbrett auf. Er hielt den Wagen an und stieg aus. Fluchend betrachtete er die schwarze Ölspur, die er gezogen hatte. Ärgerlich verpasste er dem Chassis seiner Limousine einen Schlag mit der flachen Hand. Sein Blick wanderte zum Himmel. Die Sonne näherte sich bereits den Gipfeln der düsteren Berge und die Schatten wurden länger. In diesem Augenblick vernahm er ein jämmerliches Geräusch. Zuerst dachte er, das Jammern stamme von einer Katze. Hatte sich da eine Katze in einem Schlageisen verfangen? Er spitzte die Ohren. Das Geräusch schien aus mehr als nur einer Kehle zu kommen. Er ging ihm nach und fand im Gebüsch eine hellblaue Plastiktüte, mit drei Hundewelpen darin. Er nahm sie aus der Tüte heraus und betrachtete sie. Es waren zwei kleine Rüden und ein kleines Weibchen. Irgendwer hatte sie dem Muttertier fortgenommen und wie ein Stück Müll ins Gebüsch geworfen. Zu welcher Grausamkeit die Menschen doch fähig waren, ging ihm durch den Kopf. Die drei Welpen hatten die Augen noch geschlossen. Sie schrien nach Milch.